As Leis de Bronze

Ryuho Okawa

As Leis de Bronze

Desperte para sua origem
e viva pelo amor

IRH Press do Brasil

Copyright © 2019 Ryuho Okawa
Edição original © 2018 publicada em japonês: *Seidō no Hō – Jinrui no Roots ni Mezame, Ai ni Ikiru –*
Edição em inglês: *The Laws of Bronze – Love One Another, Become One People*
Tradução para o português: Happy Science do Brasil
Coordenação editorial: Wally Constantino
Revisão: Laura Vecchioli e Agnaldo Alves
Capa: Maurício Geurgas
Imagem de capa: IRH Press Japão

IRH Press do Brasil Editora Limitada
Rua Domingos de Morais, 1154, 1º andar, sala 101
Vila Mariana, São Paulo – SP – Brasil, CEP 04010-100

Todos os direitos reservados.
Nenhuma parte desta publicação poderá ser reproduzida, copiada, armazenada em sistema digital ou transferida por qualquer meio, eletrônico, mecânico, fotocópia, gravação ou quaisquer outros, sem que haja permissão por escrito emitida pela Happy Science – Ciência da Felicidade do Brasil.

ISBN: 978-85-64658-45-5

Sumário

Prefácio 13

❦ CAPÍTULO UM
Como desenvolver seu entusiasmo
Almeje tornar-se um líder altruísta

1. **Encare todas as pessoas, inclusive a si mesmo, como criaturas preciosas**
   O sentido profundo do cenário definido para a sua vida 17
   Pessoas com deficiência nos dão coragem 20

2. **Como cultivar uma nova habilidade com o espírito de permanecer ativo a vida toda**
   Seu dia mereceu uma boa nota de aprovação? 22
   Mesmo que você ache que não tem talento em determinada área, mantenha contato com ela e seu caminho se abrirá 24
   Desenvolver novas habilidades depois dos 50 anos 25

3. **O tipo de líder que é capaz de trazer felicidade tanto aos fortes quanto aos vulneráveis**
   Identifique as aptidões dos outros e faça-os desempenhar bem o trabalho deles 28
   Use seus talentos para abrir caminho para outras pessoas ... 29
   Passe da liderança egoísta para a liderança abnegada 31
   Não importa de que tipo as pessoas sejam, todas são iguais na alma 32
   Abra seu coração tanto para os fortes como para os vulneráveis 34

Transforme sua fragilidade e sua dor na capacidade de compreender os outros 37
Os bem-sucedidos devem ajudar os outros e dar algo em retribuição à sociedade 38

4. Desde a "vida de uma pessoa" à "construção de uma nova nação"
O Partido da Realização da Felicidade elegeu vários de seus membros em assembleias regionais em nove anos de atividade 41
Diplomatas não japoneses comentaram que, com os ensinamentos da Happy Science, poderiam construir uma nova nação 44

5. Como manter aceso seu entusiasmo
A Happy Science conseguiu se propagar por mais de cem países em mais de trinta anos 47
Seja capaz de dizer a alguém uma vez por dia: "Você é magnífico" 49

PALAVRAS QUE VÃO TRANSFORMAR O AMANHÃ 1
Quatro forças para avançar na vida a passos vigorosos...........51

PALAVRAS QUE VÃO TRANSFORMAR O AMANHÃ 2
O sofrimento nas relações interpessoais faz parte do caderno de exercícios da vida 53

CAPÍTULO DOIS

O espírito de autossacrifício

Um modo de vida para servir as pessoas e o mundo

1. Uma virtude perdida num mundo de pessoas apegadas aos seus direitos

O espírito de autossacrifício compartilhado por pessoas de princípios religiosos 59
Exemplos de pessoas que viveram desafiando a "lei da autopreservação" da natureza 60

2. GRANDES FIGURAS QUE VIVERAM UMA VIDA DE AUTOSSACRIFÍCIO 1 – **Sócrates nunca abdicou de suas crenças**......................63

3. GRANDES FIGURAS QUE VIVERAM UMA VIDA DE AUTOSSACRIFÍCIO 2 – **Os valores que Jesus e seus discípulos demonstraram com sua morte**..................68

4. GRANDES FIGURAS QUE VIVERAM UMA VIDA DE AUTOSSACRIFÍCIO 3 – **Mani, o fundador do maniqueísmo, esfolado vivo**...............................83

5. GRANDES FIGURAS QUE VIVERAM UMA VIDA DE AUTOSSACRIFÍCIO 4 – **João Huss e Joana d'Arc**................88

6. GRANDES FIGURAS QUE VIVERAM UMA VIDA DE AUTOSSACRIFÍCIO 5 – **O Buda Shakyamuni e os** *Contos de vidas passadas*......................91

7. GRANDES FIGURAS QUE VIVERAM UMA VIDA DE AUTOSSACRIFÍCIO 6 – **As palavras de Shōin Yoshida**.........95

8. GRANDES FIGURAS QUE VIVERAM UMA VIDA DE AUTOSSACRIFÍCIO 7 – **O presidente Lincoln e o general Maresuke Nogi**..................98

9. GRANDES FIGURAS QUE VIVERAM UMA VIDA DE AUTOSSACRIFÍCIO 8 – **Ryōma Sakamoto e sua grande ambição abnegada**............................100

10. GRANDES FIGURAS QUE VIVERAM UMA VIDA DE AUTOSSACRIFÍCIO 9 – **O espírito samurai da tripulação do navio de guerra** *Yamato*...................103

11. GRANDES FIGURAS QUE VIVERAM UMA VIDA DE AUTOSSACRIFÍCIO 10 – O nobre espírito de Oto-Tachibana-Hime e Chiyo Yamanouchi 108

12. O espírito de autossacrifício leva à sua própria evolução 113

PALAVRAS QUE VÃO TRANSFORMAR O AMANHÃ 3
Qual é o maior legado? 115

CAPÍTULO TRÊS

O Portal de Bronze

Como uma pessoa de fé deve viver na sociedade moderna global

1. **O Portal de Bronze dá acesso ao espaço conectado com o Mundo Espiritual**
   O Portal de Bronze protege espaços de fé como as igrejas ... 119
   Na Europa, perseguiam-se tanto praticantes de magia negra quanto de magia branca 121
   Para se tornar uma pessoa com fé é preciso ter determinação e coragem e se isolar deste mundo 123
   Os espaços de fé devem, em última instância, estar conectados com o Mais Alto Deus do Mundo Celestial ... 124
   O aprimoramento espiritual refina o espaço, tornando-o especial: um meio para se comunicar com Deus 125

2. **Os humanos têm instinto para a fé**
   Viva de maneira mais simples, honesta e transparente 128
   Quando os outros têm uma fé diferente da sua 130
   Muitas pessoas com empregos que envolvem risco de vida têm alguma fé 131
   Os humanos acreditam por instinto 133

3. A verdadeira fé transcende identidades nacionais e étnicas
Esforce-se e seja devotado para proteger sua fé 135
A fé em uma verdadeira religião transcende até o amor à pátria 136
Os deuses étnicos e o Deus das religiões monoteístas têm abrangência limitada 137
A Happy Science é um budismo mais novo que o neobudismo 139
A definição de *Mais Alto Deus* deve ir além da etnia e do contexto de uma nação 142

4. O equilíbrio entre a fé e as profissões na sociedade moderna
A Happy Science é uma nova religião que supera as fragilidades das religiões tradicionais 145
A prática da fé para líderes de negócios 146
Profissões públicas e a prática da fé 148
Podem ocorrer problemas quando se aplicam os princípios da fé até aos mínimos detalhes 150
O jainismo foi muito radical em suas práticas 152

5. Entre no caminho da fé que transcende os contextos de etnia e de nação
Use todas as suas forças para empurrar o estreito Portal de Bronze e atravessá-lo 155
No final, escolha a fé, mesmo que isso signifique abandonar todo o resto 157

PALAVRAS QUE VÃO TRANSFORMAR O AMANHÃ 4
Vocês podem ser um pilar de ferro ou um portal de bronze praticando a fé 160

CAPÍTULO QUATRO

A abertura da era espacial

Viver a missão de propagar a liberdade, a democracia e a fé

1. **A Happy Science é a fonte de informações mais avançada sobre alienígenas**
   A Happy Science publica vários livros sobre alienígenas e óvnis............ 165
   A Happy Science tem informações que impressionam ufólogos ao redor do mundo............ 166
   Os ensinamentos sobre óvnis e extraterrestres são parte do fruto de mais de trinta anos de esforços............ 167
   A outra face dos japoneses, que dizem não acreditar no outro mundo, em almas, Deus ou Buda............ 169
   Ao contrário do que se espera, por que pessoas materialistas podem acreditar em óvnis e alienígenas?............ 170
   O que a NASA sabe sobre óvnis e seres do espaço............ 171

2. **Mais de quinhentos tipos de extraterrestres vieram à Terra**
   Milhões de americanos, talvez mais de 10 milhões, já reportaram ter sido abduzidos............174
   As informações sobre alienígenas e sobre o Criador ilustradas no filme *As Leis do Universo – Parte I*............176
   A verdadeira origem da diferença entre etnias e religiões da Terra............ 179

3. **O propósito da vinda dos extraterrestres à Terra**
   Os extraterrestres vêm à Terra para aprender o conceito de amor e o espírito de autossacrifício............ 182
   Por que os seres do espaço mantêm certa distância dos terráqueos............ 185
   Em que condições os alienígenas podem intervir na Terra – antigo épico indiano *Mahabarata*............ 186

Por que os alienígenas têm receio de que os humanos
acabem destruindo a Terra.. 188
Vegalianos, pleiadianos e reptilianos exercem grande
influência sobre a Terra.. 189

4. **A abertura de uma nova era espacial, rumo a um futuro de esperança**
As aptidões de El Cantare são únicas no mundo............... 192
Propague liberdade, democracia e fé para cada canto
do mundo.. 193
A missão de construir uma base comum aos terráqueos e
criar um futuro de esperança.. 196

PALAVRAS QUE VÃO TRANSFORMAR O AMANHÃ 5
Cem bilhões de anos de solidão.. 198

CAPÍTULO CINCO

A força que propaga o amor

A energia do amor de Deus que move você

1. **As pessoas não são julgadas por sua linhagem, mas por suas ações**
Eu construo cada obra minha visando alcançar diferentes
tipos de pessoas 203
Quero conceber maneiras de difundir nossas Leis
a um número cada vez maior de pessoas 205
Muitos *bodhisattvas* e anjos anônimos ainda estão
adormecidos... 206

2. **O amor de Deus está dentro de você**
A característica da Happy Science é combinar
racionalidade e misticismo 208
Seja como for, "fatos são fatos, verdade é verdade" 210

Transcenda as religiões do passado e vá além 212
Apenas Deus ou profetas podem se aproximar da
essência da alma 213
A essência dos aspectos espirituais é o amor 215

3. Perceba que "sua vida está sendo conduzida"
Para aqueles que acham que "não são amados por
ninguém" 217
A vontade de agradecer e de retribuir brota quando
você sente que sua vida está sendo conduzida 219
Você sempre pode fazer algo dentro das suas possibilidades. 220

4. Se você ama, aja
Se você der amor com sabedoria, será capaz de nutrir
muitas pessoas 221
Por que é difícil perdoar os outros? 222
A justiça existe em função da paz 223
A Justiça de Deus liberta o povo de regimes perversos 224

5. Acredite no Senhor El Cantare, o Deus do Amor
Não enfatize demais as diferenças religiosas e culturais ... 226
O amor une tudo 228
Ame os outros como Deus ama você 229

Posfácio 231
Sobre o autor 235
Sobre a Happy Science 239
Contatos 241
Partido da Realização da Felicidade 244
Universidade Happy Science 245
Filmes da Happy Science 248
Outros livros de Ryuho Okawa 251

Prefácio

As Leis de Bronze são leis universais que você deve seguir com rigor. Mesmo que os conteúdos deste livro ainda não sejam reconhecidos como a Verdade pela ciência, pelos meios acadêmicos e pelas normas sociais deste mundo, eles são os ensinamentos do Deus da Terra.

Acredite nos ensinamentos deste Deus, pois este livro é a escritura budista, a Bíblia Sagrada e o Alcorão da era moderna.

Você deve despertar para o fato de que essa nova doutrina que se originou no Japão é uma religião mundial, cujos ensinamentos também são dados a seres do espaço, e não uma religião étnica, ligada a um só povo.

Chegou o momento em que o nome oculto de Deus – El Cantare – é revelado, a humanidade conhece suas raízes e se torna uma só.

Ryuho Okawa
Dezembro de 2018

Capítulo Um

Como desenvolver seu entusiasmo

Almeje tornar-se um líder altruísta

1
Encare todas as pessoas, inclusive a si mesmo, como criaturas preciosas

O sentido profundo do cenário definido para a sua vida

Passaram-se 33 anos desde que a Happy Science iniciou sua missão, e estamos expandindo nossas atividades por meio de uma ampla gama de projetos inter-relacionados, além de realizarmos nosso trabalho principal como grupo religioso. Embora eu não possa supervisionar os detalhes de todas as frentes, as ideias fundamentais por trás de cada uma delas têm por base os preceitos que venho ensinando nesses mais de trinta anos, e acredito que estão sendo colocados em prática de acordo com as diretrizes que definimos para cada projeto.

Essas atividades voluntárias são realizadas sobretudo por adeptos da Happy Science; porém, muitos não membros também participam delas. Temos, por exemplo, o movimento "Você é um Anjo!", de apoio a crianças com deficiências, cujos princípios também se baseiam nos valores espirituais da Happy Science.

Na sociedade moderna, as pessoas costumam acreditar que o chamado "destino", que determina a maneira como irão viver, inclusive definindo o corpo físico, já vem gravado no DNA. De fato, existe uma espécie de "planta" do corpo físico, e o nosso corpo irá tomar forma segundo esse projeto à medida que cresce. Porém, a alma dentro do corpo é diferente da aparência física, vista de fora. A pessoa pode ter alguma deficiência se manifestando no corpo, mas a alma que reside nela era intacta e adulta quando vivia no Mundo Celestial antes de nascer neste mundo. Ou seja, os indivíduos que apresentam disfunções quando estão encarnados eram almas capazes de pensar, falar e ouvir normalmente, e nasceram com a vontade de realizar alguma coisa.

Embora possa ocorrer algum tipo de acidente na hora do parto e a pessoa nascer com algum problema, faz parte do plano geral que os seres humanos cheguem à Terra nas mais variadas circunstâncias. Seria indesejável que todos fossem concebidos iguais neste mundo. Por isso, há diferenças de gênero, de idade e também diversas peculiaridades na aparência. À medida que se tornam adultos, o caminho de cada um vai se definindo, de acordo com suas aptidões e capacidades.

Nesse contexto, alguns pais têm um filho deficiente ou então que adoece durante o crescimento. Podem ter sonhado que o filho tenha uma vida livre e ativa, mas talvez precisem encarar várias décadas tendo de carregar um fardo bem mais pesado do que imaginavam. Mas eu gostaria que você considerasse que esse também é um plano possível.

Ao contrário do que se possa imaginar, não há duas vidas exatamente iguais. Mesmo considerando as várias encarnações de uma alma, cada vez que ela renasce leva uma vida diferente, porque a época, a região, o ambiente e a forma de trabalho em cada encarnação são distintos.

Costuma-se dizer que "a vida é uma só". Isso é verdade se levarmos em conta apenas esta encarnação. Por outro lado, afirmar que "a vida não é uma só" também é verdade, pois, na realidade, você passou por muitas vidas no passado e provavelmente vivenciará outras no futuro.

As experiências pelas quais as pessoas passam durante seu tempo de vida diferem muito; algumas nascem como homem, outras como mulher; podem nascer saudáveis ou com deficiências; algumas têm doenças graves, outras são afetadas por anomalias em alguma fase da vida. Mas é melhor considerar esses eventos como cenários individuais preparados para cada pessoa; é recomendável experimentar um deles pelo menos uma vez durante nossa breve jornada de vida, que costuma durar apenas cerca de cem anos.

Ao nascer neste mundo como humano, talvez você não entenda por que encontrou o cenário que está experimentando agora. Mas, a partir do momento que souber como foi sua longa história de reencarnações e quais eram os planos que fez antes de nascer para esta encarnação, inclusive a escolha dos pais, você será capaz de compreender que está diante de questões que recebeu para o aprendizado nesta vida.

Os jovens, em particular, ficam muito preocupados comparando-se com os outros, mas você não precisa ser igual a ninguém. Apesar das diferenças, cada pessoa é preciosa; todas são iguais na preciosidade.

Pessoas com deficiência nos dão coragem

Tenho trabalhado como líder religioso por mais de trinta anos em diversas atividades que devem dar energia a muitas pessoas. Mas, pelo fato de ter um corpo físico, as coisas nem sempre andam com a mesma fluência com que ocorrem no Mundo Celestial.

Apesar de já ter dado mais de 2.800 palestras[1], quando vejo o longo caminho que há pela frente, sinto como se não fosse aguentar. Nesse ritmo, vou su-

---

1 Até outubro de 2018. Até abril de 2019 são mais de 2.900 palestras. (N. do T.)

perar a marca de 5 mil palestras, o que exigiria mais energia do que escalar o monte Kirishima[2]. Pensar no futuro me faz sentir assim, mas, em termos de tarefas, o importante é cumprir uma a uma.

Há mais de trinta anos realizei meu primeiro sermão em novembro de 1986, e minha primeira conferência pública, em março de 1987. Continuo com esse trabalho desde então. O número de títulos que publiquei supera agora 2.400[3]. Apesar dessa produtividade tão alta, sem igual, construí tudo isso dando um passo por vez. Não pretendo lançar uma coletânea imensa; estou simplesmente me concentrando em realizar uma tarefa por vez.

Um desses esforços é o já citado movimento "Você é Um Anjo!", que inclusive foi apresentado no documentário da Happy Science *Confortando o Coração*[4]. Sinto-me firmemente encorajado quando vejo pessoas com deficiência em sua batalha na vida diária. Não se pode dizer qual "dever de casa" é mais pesado: o que foi atribuído a mim ou o que foi dado a elas, pois elas têm suas tribulações e, apesar disso, adotam posturas que me inspiram a trabalhar ainda mais com afinco.

---

2 O monte Kirishima é um grupo de vulcões e uma das mais altas montanhas da região onde foi realizada esta palestra, com 1.700 m de altura. (N. do T.)
3 Até outubro de 2018. Esse número superou 2.500 em abril de 2019. (N. do T.)
4 O documentário, cujo título original é *Kokoro ni Yorisou*, e que em inglês recebeu o nome de *Heart to Heart*, foi lançado em maio de 2018. (N. do T.)

2
Como cultivar uma nova habilidade com o espírito de permanecer ativo a vida toda

Seu dia mereceu uma boa nota de aprovação?

Em nossa longa caminhada pela vida, muitas vezes nos sentimos cansados, mas, curiosamente, depois de um repouso podemos nos sentir revigorados. Por exemplo, uma pessoa que atua em atividades políticas pode ficar sem voz de tanto usá-la, fazendo discursos em voz alta em campanha pelas ruas. Porém, com o tempo, sua voz se recupera. É gratificante, pois bastam algumas horas de sono para que a energia brote de novo, assim como o sol nasce a cada manhã.

Embora eu já tenha publicado mais de 2.400 livros, ainda não parei de escrever e sempre há anúncios de lançamento de um novo título meu nos jornais japoneses. Algumas pessoas podem ficar imaginando até aonde pretendo ir.

Há pessoas que sonham em sair de sua cidade interiorana e ir para grandes metrópoles, como Tóquio, para alcançar o sucesso e ser o centro das atenções, mas não sou desse tipo. Sou do tipo tenaz, que não se impressiona com heróis produzidos de uma hora para outra. Considero mais divertido o esforço contínuo e a tenacidade. Quando fico na dúvida e penso: "Será que devo desistir por aqui?", dou mais um passo à frente, e depois outro. À medida que avanço, consigo superar a fase difícil e as coisas entram nos eixos. Sinto-me feliz com esse tipo de esforço. Raramente olho para trás; concentro-me sempre em avançar um passo. Todos os dias procuro descobrir como dar um novo passo. O que eu faço é o acúmulo desses esforços.

A vida que nos foi dada neste mundo é limitada, e isso não pode ser mudado. Então, sempre conduzi meu trabalho pensando: "O que posso fazer neste limitado tempo de vida? O que posso fazer em cada janela de um dia que constitui o tempo deste mundo? Será que meu dia mereceu uma boa nota de aprovação? Fiz tudo o que estava ao meu alcance?". E pretendo continuar dessa forma.

Na sociedade em geral, algumas pessoas que estão na mesma faixa etária que a minha já se aposentaram e desfrutam um estilo de vida livre e despreocupado. Os anos de maturidade vividos dessa forma são muito gratificantes, abençoados, e concedem ao aposentado japonês uma maneira maravilhosa e muito agradável de viver. Mas o que esperam de mim é que eu continue ativo ao longo de toda a vida; portanto, vivo num ambiente extremamente rigoroso: a perspectiva é de que, quanto mais eu viver, mais terei de trabalhar.

A maioria das pessoas pode ter pela frente alguns últimos anos de vida mais descontraídos. Mesmo o atual imperador do Japão talvez esteja aguardando ansiosamente o período em que terá depois de abdicar o trono. Sem dúvida, é difícil continuar trabalhando depois dos 80 anos. Contudo, considero que não há aposentadoria para líderes religiosos, e devo trabalhar ativamente até que minha vida se esgote.

> Mesmo que você ache que não tem talento em determinada área, mantenha contato com ela e seu caminho se abrirá

Talvez você já tenha notado que muitas pessoas são abençoadas com um talento ou uma energia física maiores que os seus. Por exemplo, os jogadores de golfe andam de sete a oito quilômetros em cada partida, e os jogadores de futebol correm cerca de dez quilômetros por jogo. Quem é capaz de participar desses esportes até o final possui muita resistência física. Se eu tivesse esse mesmo vigor físico, poderia parar em cada estação de um trem-bala e realizar uma turnê de palestras percorrendo a região. Infelizmente, não possuo a disposição física necessária para jogar uma partida inteira de futebol, mas tenho energia suficiente para continuar escrevendo, dando palestras e tomando decisões. Para manter essas atividades eu pratico exercícios físicos, acumulo estudos e cumpro as tarefas do trabalho incessantemente, todos os dias.

Um aspecto curioso é que algumas áreas nas quais você imaginava ter pouco talento na juventude podem ser desenvolvidas mais tarde. À medida que você se esforça e consegue ampliar determinado caminho, outro novo caminho perto dele se abre aos poucos. Mesmo quando se trata de uma área na qual você acha que não tem nenhum talento especial, se procurar manter contato com ela, interessar-se, estudar e observar como outras pessoas atuam nela, verá que aos poucos um novo "caminho" se abrirá à sua frente.

É surpreendente; mesmo na idade que tenho agora continuo fazendo a cada ano descobertas de novas aptidões, o que me deixa muito grato.

Desenvolver novas habilidades depois dos 50 anos

O documentário da Happy Science *Confortando o Coração*, que citei anteriormente, possui uma canção-tema de mesmo nome, cuja música e letra foram compostas por mim. Criei a canção original gravando-a com um microfone; então, deleguei a uma cantora profissional para apresentá-la de forma mais bela.

Nunca imaginei ter esse talento, e jamais me vi fazendo esse tipo de trabalho. Ainda hoje, nem me passa pela cabeça considerar-me um compositor profissional. Quando jovem, cheguei a escrever e enviar a uma moça alguns poemas em vez de cartas de amor, mas ela não os aceitou, então imaginei que nunca daria certo como poeta. Mas, depois de décadas, agora sou capaz de escrever letras para canções-tema de filmes e outras músicas para a trilha em cerca de vinte minutos. E, ao cantar ao microfone por uns cinco minutos, num instante a música está pronta.

Na realidade, tenho o apoio de um músico genial, Yuichi Mizusawa, que faz o arranjo das canções para adaptá-las aos filmes e lhes dá um acabamento profissional. Com sua genialidade musical, ele capta e interpreta o tema com o qual eu desejo que a melodia original seja trabalhada e a transforma numa música fantástica. Quando a ouço depois de pronta fico impressionado: "Exatamente! Era dessa forma que eu queria que ela fosse cantada".

Também tenho ideias de filmes e escrevo roteiros originais. Nesse processo, imagino algumas canções para fazer parte da trilha sonora ou que podem se tornar a música-tema do filme e as produzo. À medida que me concentro na criação, vejo formar-se em mim uma espécie de visão de mundo ou de espaço de expressão artística. Isso atrai para a equipe muitas pessoas da área que não tínhamos até então: roteiristas, atores e cantores. Nunca me imaginei fazendo esse tipo de trabalho, mas sinto que essas habilidades estão se desenvolvendo aos poucos.

As pessoas que trabalham na mídia às vezes me dizem: "Entendo a sua competência para escrever livros, mas, onde você estudou música?". Na verdade, nunca estudei formalmente. Enquanto assistia a filmes de todo tipo para estudá-los, prestei atenção também nas trilhas sonoras, e fui desenvolvendo um bom senso para música, a ponto de saber dizer: "Com essa cena, esse estilo de melodia se encaixa bem, esse outro não". Estou desenvolvendo novas habilidades, apesar de ter passado dos 50 anos de idade.

Ao estudar línguas, costumo aprender pegando palavras e frases de ouvido, e aprendo música também desse modo. Não considero que eu tenha um ouvido ou uma memória particularmente bons, mas consigo captar o sentimento geral à medida que escuto a música várias vezes. Talvez eu tenha essa habilidade de captar o todo ouvindo de forma distraída, mas repetidas vezes. Então, curiosamente acaba se formando em mim um espaço da música. Ninguém jamais teria dito que eu possuía algum talento nessa área, mas fui desenvolvendo-o.

3
O tipo de líder que é capaz de trazer felicidade tanto aos fortes quanto aos vulneráveis

Identifique as aptidões dos outros e faça-os desempenhar bem o trabalho deles

O Grupo Happy Science está agora capacitando artistas também. Não deixo de me sentir constrangido, pois nunca havia trabalhado nessa área. Mesmo assim, estamos conseguindo transformar amadores em profissionais do entretenimento.

Um exemplo é a atriz Rin Kijima, que desempenhou o papel de repórter no documentário *Confortando o Coração* e fez parte da 3ª turma que se formou na Academia Happy Science (em 2013).

Certa vez, fiz uma entrevista com ela e sugeri que produzíssemos um filme documentário no qual ela teria o papel principal. Propus a ideia e tracei um plano; então, ela o levou adiante.

Cada indivíduo possui um tipo diferente de aptidão. Se você identifica nos outros um potencial para determinada tarefa, estimula-os a se desenvolver e os incentiva a cumprir um projeto, eles obtêm autoconfiança e alguns até se tornam profissionais. Assim, *capacitar pessoas* é um trabalho muito interessante e cria perspectivas estimulantes para o futuro.

Use seus talentos para abrir caminho para outras pessoas

Quando jovens, as pessoas ficam concentradas na própria formação, pensando no que devem fazer para alcançar o sucesso. Não nego a importância desse esforço, pois esse período é necessário, mas não devemos passar a vida toda pensando somente em nós mesmos.

Na juventude, é natural que você estude, se exercite e faça várias atividades com vistas ao seu crescimento, e que dê duro para se tornar um adulto capaz e bem-sucedido. Porém, a partir de certo ponto, você deve passar a *viver para retribuir*. Precisa se sentir no dever de retribuir tudo que recebeu dos outros. Qual é a parte mais difícil quando se trata de fazer isso?

Quando você busca sua autorrealização dedicando-se aos estudos, a um esporte ou alguma outra atividade, procura vencer na competição com os outros e se destacar, adquirir reconhecimento, encarar os desafios para se tornar um profissional até ser capaz de ganhar a vida com isso. É natural que todos pensem assim. No entanto, é extremamente difícil impedir o desejo egoísta de crescer conforme você percorre esse caminho que leva à capacitação profissional.

Não há problema em ter esses desejos pessoais no início, mas, se você apresentar pensamentos egoísticos à medida que tiver sucesso, passará a ansiar por coisas do tipo: "Quero aprimorar meu marketing pessoal", "Quero que mais pessoas me conheçam", "Quero alcançar um status mais elevado" ou "Quero ganhar mais dinheiro". Isso irá alimentar muitos aspectos do *falso eu* e, se você continuar lhes dando uma importância cada vez maior, a última metade de sua vida terá um caráter um pouco lamentável.

Portanto, se você se deu ao trabalho de se aprimorar e adquiriu uma boa formação, eu gostaria que passasse a usar suas aptidões em benefício de outras pessoas. Mude sua postura mental e pense em como poderá usar suas habilidades em favor dos outros.

Quando você chegar a certa altura da vida, procure conter seus impulsos egoístas e dirigir o pensamento para "o que pode fazer para ajudar os outros". Na prática, porém, isso é muito difícil. Mesmo em termos religiosos, esse é um aprimoramento espiritual do qual você não escapará até o último momento de sua vida.

E de que forma podemos viver para servir às outras pessoas? Uma das maneiras seria, ao chegar a certa idade, alcançar determinado status social ou faixa de renda, você lhes dar conselhos sobre o modo de viver ou de pensar para que trilhem um caminho melhor na vida. É importante ajudar as outras pessoas a abrir seus horizontes.

Passe da liderança egoísta para a liderança abnegada

No início, as pessoas costumam pensar apenas em como pôr os outros para trabalhar para elas, pois acreditam que é isso o que um líder faz e que esse é o caminho para a liderança. Mas você não deve estacionar nesse nível. Para ir além e se tornar um verdadeiro líder, precisa fazer todo o esforço possível pensando em como instruir muitos indivíduos para que eles abram o próprio caminho, levando-os a trilhar rotas ainda mais amplas do que aquelas que haviam imaginado. Nesse processo, você se tornará um verdadeiro líder.

É essencial fazer a passagem de uma *liderança egoísta* para uma *liderança abnegada*. É difícil ser abnegado, ou seja, eliminar a consciência do "eu" que há dentro de cada um. Torno a enfatizar: é muito difícil de verdade. Porém, a menos que você tenha essa vontade, nunca conseguirá chegar a esse estado mental.

Certa vez, li um artigo numa revista contando que a princesa herdeira Masako do Japão derramava lágrimas ao ouvir as declarações de indivíduos que viviam situações difíceis, daquelas que nos dão um aperto no coração. Segundo o artigo, a imperatriz Michiko a aconselhou a evitar fazer isso, dizendo algo como: "Nosso trabalho deve ser imparcial e abnegado. Mesmo quando ouvimos pessoas contando histórias que podem nos levar às lágrimas, devemos contê-las". Percebi o quanto é difícil o trabalho da família imperial ao ver a profundidade de seu pensamento.

Enquanto seres humanos, é natural que cada indivíduo tenha seus gostos e aversões particulares, sinta-se comovido por certas coisas e não por outras, entre muitas outras diferenças. Mas por ser parte da família imperial, a imperatriz esforça-se para tratar todos os cidadãos de uma maneira imparcial e justa. Quando eu soube disso percebi que seu trabalho é árduo, rigoroso, e o quanto é difícil estar na posição de representar o seu povo ou ser um símbolo da nação.

Não importa de que tipo as pessoas sejam, todas são iguais na alma

A Happy Science possui muitos integrantes e, quando fazem alguma tarefa em conjunto, é normal que se formem grupos de indivíduos com mais ou menos afinidade entre si. Independentemente disso, eles trabalham dedicados aos mesmos ideais.

Também temos diferentes tipos de pessoas entre nossos seguidores, e as pessoas não se dão necessariamente bem com todo mundo. Apesar disso, acredito que todos se juntem a nós pelo mesmo ideal, a fim de avançar com a missão de construir um mundo melhor.

Eu mesmo demonstrava fortes preferências e aversões em relação aos colegas durante minha infância, nos anos de estudante e mesmo depois que comecei a trabalhar. Sofri muito para aprender a controlar esses sentimentos. Quando estamos discutindo com uma pessoa de mesmo nível hierárquico e temos opiniões diferentes, podemos pensar juntos numa forma de superar essas diferenças. Se estamos numa posição mais elevada que o outro, é fácil darmos nossa opinião diretamente. Mas, quando lidamos com pessoas de nível hierárquico mais elevado, dificilmente nos levam a sério. Com frequência eu sofria imaginando que meus superiores interpretavam o que eu dizia apenas como ofensas, críticas ou desobediência.

Porém, agora que estou conduzindo um trabalho religioso, procuro ficar sempre atento para não ter atitudes, pensamentos ou formas de interagir que demonstrem uma nítida preferência por uns em detrimento de outros ao lidar com os seguidores da Happy Science ou aqueles que se interessam por nós.

Neste mundo, alguns indivíduos têm preconceitos em relação a pessoas com deficiência. Mesmo que não tenham, quando se trata de contratar alguém para a sua empresa, tendem a preferir um trabalhador mais ágil, com maior disposição, sobretudo nas épocas de crise. Até certo ponto, isso é inevitável, já que vivemos neste mundo terreno. Mas, ao interagir com as pessoas como um líder religioso, sempre tenho em mente que somos todos *iguais na alma*.

A Índia tem hoje uma população de 1,3 bilhão de pessoas. É um aglomerado humano considerável. Se a sociedade indiana se tornar mais próspera e todos puderem receber uma educação adequada e arrumar emprego, eles podem ser bem-sucedidos. Porém, aqueles que vivem em favelas agora têm oportunidades muito reduzidas. Assim, uma tarefa importante para quem pretende se tornar um líder é pensar em como abrir caminhos para um grande número de pessoas e criar uma sociedade cheia de oportunidades.

Abra seu coração tanto para os fortes como para os vulneráveis

Eu mesmo quero abrir meu coração tanto para os fortes como para os vulneráveis. Quando as pessoas chamam alguns indivíduos de "fortes", podem estar se referindo aos que alcançaram sucesso pelo próprio esforço, embora esses tipos talvez não existam em grande número no Japão.

A esse público forte eu gostaria de ensinar a *importância da virtude*, e dizer que a capacidade de liderar muitas pessoas por meio de uma postura de bondade é importante, assim como a habilidade de nutri-las. Também gostaria de transmitir a eles que é fundamental fazer de tudo o que puderem para ajudar os vulneráveis e que, se não tiverem virtude em abundância como líderes, não terão crescimento maior. Esse é o meu pensamento.

As pessoas que podemos classificar como vulneráveis em geral são aquelas citadas nos discursos políticos como dependentes da ajuda de programas de bem-estar sociais. De fato, algumas delas não conseguem levar a vida adiante sem pensões desse tipo. A redistribuição da renda é indispensável em certa medida; às vezes, é necessário alocar algum dinheiro daqueles que ganharam mais que o suficiente e destiná-lo aos desprotegidos. No entanto, esses indivíduos não devem se contentar com uma vida passiva, na qual só recebem. Mesmo que você tenha de receber apoio de diferentes pessoas para deixar sua marca neste mundo, eu gostaria que você sempre pensasse sobre o tipo de contribuição que pode fazer em suas circunstâncias.

Se você não tem condições de fazer doações financeiras, basta oferecer seu sorriso. Talvez você não consiga mover seu corpo ou falar. Mesmo assim, pode formar um sorriso no rosto e dá-lo aos outros. Essa já é uma atitude maravilhosa.

Você entenderá melhor ao se colocar no lugar da pessoa que recebe o sorriso. Por exemplo, num hospital, o fato de as enfermeiras que atendem você estarem sorrindo faz uma grande diferença. Sentimo-nos incomparavelmente melhor com uma enfermeira sorridente do que diante de uma de cara amarrada.

Quando tratados de maneira insatisfatória num hospital, alguns pacientes podem se sentir indesejados e até pensar coisas como: "Será que devo sair logo? Talvez eu seja um fardo para o hospital. Eles nem têm camas suficientes. Como o governo continua com dívidas, será que preferem que eu parta para o outro mundo o quanto antes? Se apenas me aplicassem a injeção errada, poderia eu ir logo". Mas, por favor, nunca tenha pensamentos desse tipo.

Neste mundo, algumas vezes estamos em condições de ajudar e outras vezes em posição de sermos ajudados. E essas posições podem se inverter. Por exemplo, aqueles que têm vivido de forma arrogante podem se ver forçados a refletir sobre o próprio comportamento quando encontram alguém da família que lhes aponta seus defeitos. Nessas horas, recomendo a esses indivíduos que parem um pouco e reconsiderem seu modo de vida.

Transforme sua fragilidade e sua dor na capacidade de compreender os outros

Quando as pessoas adoecem, costumam enfrentar situações nas quais sentem que estão perdendo sua dignidade humana básica, se tornando incapazes de fazer o que todo mundo consegue fazer naturalmente. Por exemplo, algumas pessoas carregam uma bolsa de urina ligada a um cateter para onde forem, sentadas numa cadeira de rodas, para poupar a inconveniência de uma coleta de urina.

Essa experiência pode ser muito embaraçosa e dolorosa emocionalmente. Os hospitais fazem isso para reduzir sua carga de trabalho, pois ter de coletar a urina dos pacientes várias vezes por dia consome tempo e energia. Também é de certo modo constrangedor ter de usar um urinol com a ajuda de alguém. Quanto mais a pessoa tiver sido ativa e bem-sucedida na sociedade, mais difícil e embaraçoso será enfrentar situações como essas.

No entanto, experiências humilhantes como essas também são importantes para que os seres humanos compreendam a posição e os sentimentos das pessoas nas várias situações que são obrigadas a viver. Você mesmo ou os outros à sua volta podem vir a passar por essas situações. Mas são também oportunidades preciosas para cada indivíduo avaliar se está vivendo de modo correto como ser humano, se está se portando como um ser humano saudável.

Quem não compreende as fragilidades dos outros, suas dores, dificuldades e tristezas, não está apto, por exemplo, a apreciar literatura nem arte refinada. Acredito que as pessoas devam ser capazes de compreender os sentimentos das demais por meio do cultivo desse tipo de sensibilidade e empatia.

Os bem-sucedidos devem ajudar os outros e dar algo em retribuição à sociedade

A Happy Science se fundamenta solidamente nos princípios do sucesso, e transmite também a teoria da autorrealização. Mas o propósito não é criar seres humanos egocêntricos. Ao contrário, quero instruir muitas pessoas para que possam também ajudar um número ainda maior de indivíduos.

Estou pregando o caminho do esforço maior, por meio do qual a pessoa mediana seja capaz de fazer um trabalho acima da média, a pessoa acima da média se torne capaz de realizar um trabalho excelente e a pessoa com excelentes aptidões possa concretizar proezas geniais.

No entanto, esses ensinamentos não devem ficar limitados apenas ao crescimento pessoal. Se você conseguir se desenvolver, é essencial que dê algo em retribuição àqueles ao seu redor. É isso que venho ensinando.

A *lei da causalidade* ensinada pelo budismo, também conhecida como *lei de causa e efeito* na Happy Science, funciona muito bem inclusive neste mundo terreno; portanto, se você fizer esforços diligentes, produzirá resultados compatíveis.

Com um *propósito elevado, esforço contínuo* e *perseverança* – que lhe darão resistência mental diante das dificuldades –, você sempre colherá algum fruto, de acordo com a lei de causa e efeito. Se essa postura não tiver proveito neste mundo, sua colheita será transferida para o outro mundo. Há até pessoas cujos trabalho só é reconhecido após sua morte; portanto, mesmo que nem todos os seus esforços sejam recompensados neste planeta, eles sempre renderão algum resultado. E o que dá estímulo para alguém fazer um esforço é um *propósito elevado*.

Os seres humanos são todos iguais na alma; assim, todos têm o direito de ser felizes, todos merecem ser felizes. Contudo, muitas pessoas não conseguem alcançar a felicidade devido a barreiras de diversos tipos. Por isso, eu desejo que aqueles que alcançaram o sucesso desenvolvam a capacidade de ajudar essas pessoas.

Agora que a Happy Science cresceu e ficou grande, temos a competência de realizar atividades em diversas outras áreas. Atualmente estamos envolvidos em esforços para dar apoio a deficientes, em programas de prevenção do suicídio e de apoio a crianças que pararam de frequentar a escola por razões especiais.

Uma única atividade não consegue alcançar todas as pessoas; sempre algumas acabam ficando de fora. Para poder atingir uma variedade mais ampla de indivíduos precisamos realizar, também, atividades em pequenos nichos. É por isso que nossos seguidores conduzem de forma proativa diversas atividades de organizações sem fins lucrativos e ONGs, a fim de cobrir o que o corpo religioso da Happy Science não consegue.

4
Desde a "vida de uma pessoa" à "construção de uma nova nação"

O Partido da Realização da Felicidade elegeu vários de seus membros em assembleias regionais em nove anos de atividade

O Grupo Happy Science vem atuando também nas atividades políticas do Japão nos últimos nove anos; porém, ainda não obtivemos tantas conquistas. O número de deputados do Partido da Realização da Felicidade (PRF) em assembleias regionais tem aumentado[5], mas precisamos ser mais persistentes para termos uma presença maior.

No entanto, se tivermos mais membros, mesmo nas assembleias regionais, espalhados por todo o país, será como se estivéssemos conduzindo também atividades eleitorais o tempo todo. É desafiador e não muito fácil sair vencedor em eleições nacionais con-

---
5 Até outubro de 2018 haviam sido eleitas 21 pessoas.

centrando-se em apenas duas semanas de campanha durante o período eleitoral, porque há muitos outros candidatos que já possuem uma base firme de apoio. É necessário criarmos um sistema de apoio regional no qual nossas atividades possam ser desenvolvidas de modo regular a fim de expandir nossa base política.

No presente momento, não estamos conseguindo conduzir nosso movimento religioso a ponto de resultar na conquista dos votos nas eleições políticas. Outros grupos religiosos dizem que o fato de se especializarem em atividades políticas garante um número de votos dez vezes maior que o número de adeptos. É bem provável que seja verdade.

No passado, houve um tempo em que a Happy Science apoiava outros candidatos conservadores, em vez de apresentar os próprios candidatos. Por exemplo, o Partido Liberal Democrático (PLD) certa vez decidiu apresentar um candidato novato numa votação em um distrito de Tóquio, mas, como já haviam apoiado outro candidato, era improvável que o novato pudesse vencer. Então, o político que hoje é primeiro-ministro pediu-nos para dar apoio a esse candidato, que não tinha nenhum grupo para dar-lhe suporte, pois ele desejava que o novato fosse eleito. Esperava-se que o candidato fosse obter apenas 200 mil a 300 mil votos, mas acabou sendo eleito com cerca de 690 mil votos com o apoio da Happy Science, batendo o principal candidato apoiado pelo PLD.

Certa vez, apoiamos também um candidato nas eleições para governador. Não vou citar seu nome, mas essa pessoa praticou kendô na juventude, assim como eu. Quando decidiu concorrer ao cargo, visitou o templo Tokyo Shoshinkan e o Templo Sede Miraikan, ambos da Happy Science, e pediu educadamente nosso apoio, pois não tinha nenhum grupo para apoiá-lo. Ele, sem dúvida, causou boa impressão. Então, decidimos atuar como seu grupo de apoio e ele obteve 1 milhão de votos.

Porém, quando foi a vez de apresentarmos nossos candidatos do PRF, a atitude geral do público mudou. Eles passaram a avaliá-los com um olhar mais crítico: "Será que podemos contar com eles? De verdade?". Por isso, tivemos de mudar o caráter de nossas atividades.

Outras organizações religiosas podem estimar quantos votos irão conseguir, mas a situação é um pouco diferente no nosso caso. Fazendo estimativas a partir dos resultados passados, se apoiarmos políticos estabelecidos em escala nacional, eles provavelmente irão obter 10 milhões de votos ou mais. Mas, quando se trata dos nossos fiéis concorrerem como candidatos, como são pouco conhecidos do público, infelizmente não conseguem superar a sólida força daqueles que já foram eleitos antes.

Para ser franco, às vezes até pessoas que fazem parte do Grupo Happy Science podem não conhecer os candidatos de nossa instituição. Embora nossos membros se disponham a apoiar nossos candidatos, acabam não fazendo isso por não saberem quase nada a respeito deles; não são indivíduos muito conhecidos, tanto dentro como fora da organização.

Se pegarmos a já citada Rin Kijima como um exemplo hipotético, ela ficaria mais conhecida se viajasse pelo país como apresentadora, mas, se ficasse atuando em apenas uma região específica, não seria reconhecida em outra. Como envolve esse tipo de estratégia, ainda vai demorar um pouco para sermos bem-sucedidos na arena política. Nesse ínterim, é importante sermos capazes de explicar melhor o que é a Happy Science, para que as pessoas entendam nossa filosofia e como ela pretende guiar a população.

Diplomatas não japoneses comentaram que, com os ensinamentos da Happy Science, poderiam construir uma nova nação

Não é apenas o Japão que estamos tentando guiar. Nossa revista mensal[6] destacou certa vez que dois no-

---
6 Revista mensal *Kōfuku-no-Kagaku* ("Happy Science"), edição japonesa de fevereiro de 2018.

vos membros turcos se juntaram à Happy Science. A Turquia vem passando por grande agitação política, além de enfrentar conflitos civis e guerras. Os dois turcos provavelmente aprenderam meus ensinamentos por meio das traduções para o inglês. Na revista, eles diziam: "É exatamente isso o que precisamos para a Turquia". Essa foi uma confirmação do que eu imaginava.

Numa ocasião anterior, ouvi um comentário similar de um africano. Um diplomata do Congo que tinha viajado ao Japão havia lido nossos livros e, ao que parece, hoje em dia ele vem assistir a algumas das minhas conferências. Na época, parece que ele disse: "Com os ensinamentos da Happy Science, poderíamos lançar uma revolução como a da Restauração Meiji[7] para reconstruir nosso país". Venho observando esse tipo de reação também em pessoas de outras nações: de Uganda, de Benin e do Irã.

Contudo, num país muçulmano como o Irã, a pessoa que expressa uma crença alternativa corre o risco de ser punida com a pena de morte; então, não podemos dizer oficialmente que temos adeptos lá. Mas está crescendo o número de membros de um grupo de estudo nosso. Hoje, esse grupo alcançou

---

[7] Termo genérico para o período de modernização e industrialização do Japão iniciado em 1868. (N. do T.)

uma centena de integrantes, e eu soube que eles querem que eu dê palestras no local. Porém, como os iranianos só têm permissão de adotar uma única fé e o país possui uma regra assustadora que manda executar aqueles que se convertem a outra religião, será difícil eu realizar algum evento lá.

Por outro lado, a Happy Science aceita como membro pessoas de qualquer religião. Nesse sentido, ela é realmente uma boa religião. Podemos dizer abertamente que a Happy Science é inclusiva em relação a todas as demais religiões e que dá as boas-vindas a quem quer que deseje aderir.

Portanto, os muçulmanos também podem se juntar à Happy Science sem renunciar à sua fé. Isso é gratificante para eles, pois têm permissão para estudar nossos ensinamentos sem se preocupar. Já cheguei a receber de presente o Alcorão em árabe algumas vezes. Eu adoraria dominar a língua árabe se tivesse tempo para isso, mas ela é considerada uma das mais difíceis de aprender, tanto quanto a japonesa, então dificilmente chegarei no nível fluente.

5
Como manter aceso seu entusiasmo

A Happy Science conseguiu se propagar por mais de cem países em mais de trinta anos

Discuti vários tópicos neste capítulo. Os ensinamentos da Happy Science abrangem múltiplas áreas, como política, economia, religião, cultura, entretenimento e educação. De acordo com alguns comentários surgidos no mundo todo, o estudo aplicado de nossos ensinamentos dá às pessoas o conhecimento essencial para construir uma nação.

Portanto, eu gostaria que nossos fiéis tivessem um pouco mais de confiança. Depois, quero que se disponham a difundir os ensinamentos. Se houver uma dose maior de entusiasmo e os ensinamentos se espalharem em seu país, esse impulso gerará força para propagar os ensinamentos a outras partes do globo.

Difundir os ensinamentos em mais de cem países não é uma façanha pequena. É um trabalho realmente desafiador. Os padrões de vida de cada nação são bastante diferentes; em muitas áreas a renda é de apenas 1% da renda média no Japão, por isso, não é fácil cobrir as nossas despesas no próprio local.

Dependendo do país, por exemplo na Índia e no Nepal, há o costume de se oferecer um bufê depois de um seminário ou uma conferência. Mas ali, nem todos os que comparecem estão interessados em ouvir minha palestra, e muitos vêm apenas pela comida, o que dificulta equilibrar as contas.

Por essa razão, às vezes sinto que nossas atividades não diferem muito daquelas da ODA[8]. Seja como for, as pessoas precisam ouvir o que tenho a dizer e, no início, penso que não há outra opção para atrair o público. Com o tempo, pretendo melhorar a administração para que os seguidores de cada país sejam capazes de lidar com suas atividades de maneira autônoma e manter o orçamento equilibrado. Mas ainda vai demorar um pouco até que isso ocorra.

Como resultado desses mais de trinta anos de atividades, estou convencido de que a Happy Science é um grupo religioso que tem imenso potencial e que deve ser conhecido por um número ainda maior de

---

[8] *Official Development Assistance* ou Assistência Oficial ao Desenvolvimento: é um braço do Ministério das Relações Exteriores do Japão, cujo objetivo é ajudar países necessitados e as nações em desenvolvimento com suprimentos, engenharia civil e outros atendimentos. (N. do E.)

indivíduos. Acredito também que a Happy Science é uma religião que pode salvar as pessoas ao redor do mundo. Por isso, desejo que nossos fiéis criem uma nova onda de movimento.

Seja capaz de dizer a alguém uma vez por dia: "Você é magnífico"

É ótimo sentir-se facilmente entusiasmado no nosso movimento, mas também devemos ter cuidado para não deixar essa paixão esfriar facilmente. Quero que os seguidores se esforcem para criar um sistema de apoio mútuo, a fim de manter esse entusiasmo aceso. Que incentivem uns aos outros dizendo: "Ei, você está perdendo seu entusiasmo! Vamos lá! Ânimo, ânimo, ânimo! Não desanime, tente de novo! Mais um pouco, mais um pouco! Vamos dar o melhor o ano inteiro. E no ano que vem, também".

Espero que apoiem uns aos outros desse modo e desenvolvam um método para manter acesa a chama do entusiasmo.

Para isso, é essencial construir relações que permitam dizer ao outro: "Você é magnífico". Pelo menos uma vez por dia diga: "Você é magnífico". Quando alguém ouve essa frase, com certeza se sente motivado. Isso vale para todos. Mesmo que essas palavras venham de uma pessoa que você não conhece bem, com certeza se sentirá muito motivado. Portanto, tente se esforçar para você mesmo oferecer essas palavras aos outros. Assim, não só teremos entusiasmo mais facilmente, como também será mais difícil perdê-lo, pois ficaremos com a autoestima mais elevada: "Disseram que sou magnífico! Preciso fazer o melhor!".

Por favor, desenvolva um sistema nesses moldes, capaz de gerar automaticamente mais *ânimo* e *coragem*.

PALAVRAS QUE VÃO TRANSFORMAR O AMANHÃ 1

Quatro forças para avançar na vida a passos vigorosos

Intelecto, resistência física e *iniciativa* –
Essas três forças estão intimamente ligadas.
Em suma, a "queda da resistência física"
Resulta na "queda da iniciativa".
Resulta também na "queda do intelecto".
A falta de intelecto, por sua vez,
    faz cair a iniciativa também.

Ao lutar contra espíritos malignos[9],
O *poder mental* é indispensável.
Na base dele está obviamente o intelecto,
Mas ele é gerado pelas três forças: intelecto,
    resistência física e iniciativa.

Em particular, a resistência física deve ser de
    natureza principalmente muscular.

---

9 *Espírito maligno* é um termo genérico para os espíritos do Inferno e os espíritos perdidos que não voltaram para o Céu. Entre eles, os que têm um forte rancor ou uma sede muito grande de vingança são chamados de *espíritos perversos*, e os muito mais perversos, que tratam os outros com um desprezo intenso e trazem infortúnios, são chamados de *demônios*. (N. do A.)

Caso contrário, será extremamente difícil gerar
   poder mental.

Para usar o poder mental,
Adquira uma resistência física
Fortalecendo os músculos.
Essa é a característica daqueles que têm
Grande resistência às perturbações espirituais[10].
Portanto, é essencial praticar exercícios físicos
E manter os músculos fortes.
É assim que você gerará sua força
E terá poder mental para exorcizar os espíritos
   malignos.

---

10 A *perturbação espiritual* é um estado no qual a pessoa fica sob a influência de um espírito errante; também é conhecida como possessão por maus espíritos. (N. do T.)

PALAVRAS QUE VÃO TRANSFORMAR O AMANHÃ 2

O sofrimento nas relações interpessoais faz parte do caderno de exercícios da vida

O que determina a felicidade ou a infelicidade de
   sua vida agora é,
Na verdade, um grupo de vinte a trinta pessoas
   próximas,
Com quem você compartilha alguma conexão.
Sua felicidade ou infelicidade
Muito provavelmente será determinada nesse meio.

Na grande maioria das vezes, você conheceu essas
   pessoas
Porque estava "destinado a encontrá-las" neste
   mundo.
Na sua vida, surgem pessoas com as quais
Você compartilha laços espirituais
E são indispensáveis para o seu aprimoramento
   espiritual;
Tudo já está preparado para que você as encontre
Pelo menos uma vez em algum momento
   de sua vida,
De modo definitivo e absoluto.
Algumas irão tratá-lo com gentileza,

Enquanto outras lhe darão lições de forma severa ou
  provações.
De qualquer modo, são indivíduos com os quais
Você definitivamente deverá se encontrar.

Em certo sentido, isso representa o seu *caderno de
  exercícios da vida*:
"Você tem de encontrar tais e tais pessoas como
  parte dos seus exercícios
E resolver os problemas que ficaram pendentes
  em suas vidas passadas".
Por exemplo, na vida passada,
A relação entre vocês pode ter começado bem,
Seja como pai e filho, como irmãos
  ou como marido e mulher,
Mas vocês acabaram tendo um grande
  desentendimento a certa altura da vida
E geraram ódio mútuo.
Nesse caso, irão se encontrar de novo nesta vida
  em posições diferentes
Como um teste para ver como se sairão desta vez.

Na maioria dos casos, os problemas de amor e ódio,
Especialmente com pessoas que têm grande
  influência em sua vida,

São problemas trazidos de uma vida passada.
Eles foram incluídos no seu caderno
   de exercícios da vida
Como parte do plano de Deus.

Em vez de pensar que os sofrimentos que você
   está enfrentando agora
Aconteceram por mera falta de sorte,
É melhor vê-los como uma das questões do
   caderno de exercícios da vida dada a você.

Saiba que, na grande maioria dos casos,
Esses eventos ocorrem porque precisam ocorrer.

Capítulo Dois

O espírito de autossacrifício

*Um modo de vida para servir
as pessoas e o mundo*

1
Uma virtude perdida num mundo de pessoas apegadas aos seus direitos

O espírito de autossacrifício compartilhado por pessoas de princípios religiosos

Este capítulo é sobre o *espírito de autossacrifício*, um dos traços da atitude mental religiosa. Observando os jovens de hoje, costumo sentir que eles não conseguem entender o espírito de autossacrifício, e espero que isso não seja interpretado simplesmente como uma história repetitiva de um idoso.

A Constituição do Japão, assim como o moderno sistema educacional do país, concentra-se basicamente em ensinar as pessoas de que modo elas podem reivindicar seus direitos, e também que, ao obtê-los, a sociedade estará mais próxima de se tornar no futuro um mundo mais livre e mais democrático. Claro, não tenho a intenção de negar essas ideias, pois a Happy Science também contém esses valores.

Contudo, o traço comum que pode ser observado a partir da vida de líderes religiosos na história e dos indivíduos com princípios religiosos é que todos eles, embora em níveis diferentes, possuíam o espírito de autossacrifício.

Hoje, é cada vez maior o número de pessoas que não compreendem esse conceito, e por isso não conseguem entender o que é uma religião, o que significa ter um caráter religioso ou qual o sentido das várias atividades de salvação que os grupos religiosos realizam. Se esse *espírito de autossacrifício* for adequadamente assimilado, os líderes religiosos terão mais orgulho e confiança em seu trabalho; as pessoas, ao observarem as religiões, também se tornarão mais reverentes, adotarão uma postura mais humilde e terão mais vontade de respeitá-las.

Exemplos de pessoas que viveram desafiando a "lei da autopreservação" da natureza

O mundo gira hoje em torno da "exigência de direitos". Sem dúvida, é parte da ação do intelecto moderno que a pessoa busque afirmar seus direitos diante de outro indivíduo que também defende os dele, enfrente-o numa discussão e, se o conflito chegar aos tribunais, lute para vencê-lo nesse palco. As argumentações nas batalhas travadas nos tribunais talvez sejam a versão moderna dos antigos duelos de espadas. Não estou sugerindo que isso seja ineficaz ou sem sentido.

Na mãe natureza, os animais fortes sobrevivem e os mais fracos são devorados; do mesmo modo, o mundo humano dá lugar ao "espírito de seleção natural", e talvez seja simplesmente natural que os mais fortes no combate sobrevivam e os mais fracos pereçam.

Na história, porém, surgem de vez em quando pessoas que vivem de uma maneira que vai contra a tendência de sua época. É um verdadeiro mistério. Tais indivíduos costumam não ser compreendidos por seus contemporâneos, e isso mostra que o espírito de autossacrifício vai contra a lei da natureza.

Todos os seres, inclusive os humanos que nasceram e vivem neste mundo, assim como os animais e as plantas, têm sua vida cotidiana fundamentada na *autoproteção*. Dão prioridade a se proteger e basicamente acreditam que, para isso, sacrificar os outros seja inevitável. Em outras palavras, essa é a postura do "anseio pela sobrevivência, mesmo que isso signifique devorar os outros".

Certa vez, assisti a um documentário sobre a vida de Isao Nakauchi, fundador da Daiei, uma grande rede de supermercados japonesa. Ele perguntou ao jornalista: "Sabe o que me dava mais medo quando estava lutando no front sul[11] na Segunda Guerra Mundial?". O jornalista respondeu: "Provavelmente as balas, claro. A possibilidade de ser morto por fogo inimigo deve ter lhe provocado muito medo". Então, Nakauchi disse: "Não, o que mais me amedrontava era o soldado japonês que dormia do meu lado. Eu ficava aflito com a ideia de que ele pudesse me matar se eu adormecesse antes". Ou seja, ele tinha medo de "se tornar alimento do soldado". É verdade que "a guerra cria uma espécie de inferno", e as pessoas podem, em último caso, devorar seus companheiros a fim de sobreviver. Incidentes desse tipo realmente aconteceram no passado; alguns até viraram filme.

Por outro lado, há indivíduos que vivem desafiando essa *lei da autopreservação*, uma lei da natureza, e acabam permanecendo muito tempo na memória da humanidade, sem dúvida.

---

11 Aqui, *front sul* refere-se ao Sudeste Asiático e às ilhas do Pacífico Sul. (N. do T.)

2
GRANDES FIGURAS QUE VIVERAM
UMA VIDA DE AUTOSSACRIFÍCIO – 1
Sócrates nunca abdicou de suas crenças

A obra do pai da filosofia, que na realidade era um médium

Sócrates, o chamado pai da filosofia, foi acusado de "corromper os jovens e de humilhar Deus". Na época, os julgamentos eram feitos com centenas de jurados, assim como as assembleias nacionais de hoje. Ele foi acusado de iludir os jovens, mas argumentou que estava discutindo filosofia por meio da maiêutica, um método de fazer perguntas sucessivas, e que ele servia apenas como "parteiro", para extrair o conhecimento e a sabedoria que as pessoas intrinsecamente já possuíam. Ele apontava as falácias de seus oponentes por meio de um diálogo argumentativo e com isso ajudava-os a mudar de ideia. Seus argumentos continham noções que soaram ofensivas a pessoas famosas ou aos intelectuais da época; Sócrates também agia contra as opiniões popularmente aceitas na Grécia – ou Atenas, como era chamada na época.

Além disso, ele ouvia a voz de sua divindade guardiã, ou espírito guardião, chamada "Daemon", em vez de prestar reverência aos deuses tradicionais da época. Na realidade, Sócrates era um médium. Sua divindade guardiã nunca lhe dizia "o que fazer", apenas "o que não fazer". Portanto, se essa entidade não dissesse nada, ele tinha a liberdade de fazer qualquer coisa.

Isso é muito similar aos conceitos de Friedrich Hayek[12], o moderno economista e filósofo austríaco. Hayek ampliou a ideia de liberdade ao propor que "as leis estipulam apenas o que não deve ser feito; portanto, as pessoas são livres para fazer o que não tiver sido definido por lei. Tudo o que não for restringido por lei pode ser feito livremente, pois a lei é a mínima restrição à liberdade".

Sócrates também sustentava ideias semelhantes; ele ouvia seu espírito guardião, que apenas lhe dizia o que não fazer, nunca o que deveria fazer.

---

12 Uma pesquisa espiritual realizada pela Happy Science revelou que Friedrich Hayek nasceu como Sócrates numa vida passada. Ver *Mirai sōzō no keizaigaku – Kōkai reigen: Hayek, Keynes, Schumpeter* ("Economia que cria o futuro – mensagens espirituais públicas: Hayek Keynes e Schumpeter". Tóquio: IRH Press, 2010). (N. do A.)

• O ESPÍRITO DE AUTOSSACRIFÍCIO •

Durante seu julgamento, Sócrates apresentou sua famosa defesa, hoje conhecida como a "Apologia de Sócrates". Ela pode ser lida ainda hoje. Embora essa argumentação histórica tenha sobrevivido 2.500 anos, na época os cidadãos não se convenceram e não aceitaram sua apologia. Ao contrário, ela resultou em votos negativos e, portanto, num veredito de culpado. Quando chegou a hora de definirem se deveria ser sentenciado à morte, sua apologia enraiveceu ainda mais os cidadãos. Eles diziam que não podiam perdoar alguém que apresentasse uma defesa como aquela, e isso gerou um aumento no número de votos que o consideravam culpado.

Por que Sócrates não abriu mão de suas convicções mesmo sob perseguição?

Sócrates não foi executado logo após o julgamento. Era costume não realizar execuções durante uma festividade anual, então ele ainda ficou na prisão por um tempo. Seus discípulos fizeram de tudo para libertá-lo e chegaram a subornar um guarda da prisão para que abrisse sua cela, mas, mesmo depois de aberta, ele se recusou a fugir.

Embora na época Sócrates considerasse a lei de Atenas muito falha, ele pensou: "Uma lei, mesmo que seja ruim, ainda assim é uma lei. Se eu, que venho ensinando filosofia e a verdade, mostrar com minhas ações que é aceitável desrespeitar a lei, então haverá uma enxurrada contínua de infratores da lei sem que seja possível detê-la nas gerações posteriores. Nada criado pelo homem é perfeito, logo, certamente haverá sempre leis indesejáveis. Temos simplesmente que mudá-las quando achamos que são ruins. Mas respeitar as leis existentes é nosso dever como humanos". Como sua divindade guardiã não o orientou a fugir, ele achou que era seu destino morrer ali; então, tranquilamente tomou cicuta e morreu.

Na época, ele tinha uma segunda esposa e, ao que parece, filhos pequenos. Algumas fontes dizem que um dos filhos de Sócrates tinha cinco anos e havia outro mais novo, que ainda era amamentado. Desse modo, recusar-se a fugir da prisão e escolher morrer significava abrir mão de suas obrigações como pai e marido. Mesmo assim ele preferiu proteger o sistema legal de Atenas, que começava a operar como um estado de direito.

Também pode ter achado que seria imperdoável fugir, uma vez que foi sentenciado à morte pela maioria dos votos dos cidadãos. Portanto, decidiu aceitar seu fim dessa maneira.

Platão, seu discípulo, cerca de quarenta anos mais novo do que ele, ainda não completara 30 anos na época da morte de Sócrates. Mais tarde, Platão

• O ESPÍRITO DE AUTOSSACRIFÍCIO •

dedicou-se a escrever seus *Diálogos* e continuou demonstrando o quanto Sócrates havia sido um grande homem. Não se sabe ao certo o quanto da obra de Platão se baseia em fatos que ele tivesse testemunhado pessoalmente e o quanto foi fruto de sua imaginação, mas a imagem de Sócrates como uma grande figura foi transmitida às gerações futuras graças aos vários livros escritos por Platão.

3

GRANDES FIGURAS QUE VIVERAM
UMA VIDA DE AUTOSSACRIFÍCIO – 2

Os valores que Jesus e seus discípulos demonstraram com sua morte

Uma nova verdade pode gerar perseguições
ao ser incompatível com sua época

Quando uma nova verdade é ensinada, seu pregador muitas vezes é perseguido por revelar um conteúdo incompatível com sua época. Apesar disso, muitas pessoas ao longo da história preferiram sofrer perseguições e morrer, demonstrando com isso o quanto eram firmes em suas convicções.

Os japoneses costumam ver os Estados Unidos como uma nação de egos, ou de confronto de egos. O pano de fundo da educação americana parece conter a noção de que "educar é desenvolver o ego" e de que "ser independente significa ser capaz de lutar para se proteger e atacar seus inimigos". No entanto, mesmo com esses valores, existe nos Estados Unidos a postura de respeitar certas pessoas que foram assassinadas. Por exemplo, Abraham Lincoln é uma das personalidades mais respeitadas do país, e o mesmo pode ser dito de John F. Kennedy e Martin Luther King Jr.

E por que ganham o respeito dos outros e passam a ser consideradas como se fossem divinas? Pessoas comuns em geral escolhem caminhos que lhes permitem viver mais tempo neste mundo; quanto mais esperto é o indivíduo, mais ele pensa numa "maneira de fugir dos perigos sem assumir responsabilidade". Mas há também aqueles que pensam: "Não importa se eu sair prejudicado, tenho de abrir caminho para as gerações futuras" e então eles defendem suas crenças, mesmo que precisem sacrificar-se para isso. Alguns pagam o preço sendo assassinados. As gerações posteriores passam a respeitá-los por essa postura, mas eles podem não ter se salvado na época em que viveram.

A bagagem cultural do espírito de autossacrifício nos países anglo-saxões

Embora os países anglo-saxões estejam repletos de ensinamentos sobre formas de consolidar o próprio ego, eles trazem o *espírito de autossacrifício* em sua bagagem cultural. Isso provavelmente provém do cristianismo. Em países cristãos, muitas pessoas costumam argumentar em defesa de seus direitos e estão sempre prontas a lutar nos tribunais, mas também têm consciência de serem cristãs, e procuram modelar a si mesmas pelo exemplo da vida de Jesus Cristo, que viveu há mais de dois mil anos.

Com certeza, elas são incapazes de assumir o tipo de vida que Jesus escolheu, e é justamente por isso que é chamado de filho único de Deus e reverenciado como o próprio Deus. As pessoas o veem assim porque elas mesmas não são capazes de viver como ele.

Na vida de Jesus há muitas coisas difíceis de entender. Mesmo que se deixem de lado as diversas histórias sobre os milagres que ele realizou, a última parte de sua vida teve vários eventos inexplicáveis de uma perspectiva terrena. Seja como for, podemos considerar como fato que Jesus tenha curado os doentes, do ponto de vista dos fenômenos religiosos. Na Happy Science também curamos doenças, e isso ocorreu em muitas outras religiões nos últimos cem anos. Portanto, é impensável que Jesus, que fundou uma religião que se difundiu pelo mundo todo e se mantém há dois mil anos, fosse incapaz de curar doenças.

Alguns indivíduos foram curados de lepra e outros de cegueira. Um homem, embora já envolto em uma mortalha e depositado num túmulo numa caverna após a morte, ergueu-se dos mortos e saiu da caverna quando Jesus chamou: "Lázaro, saia!". Jesus realizou até milagres como esses.

Era de fato um homem de milagres, que provou o poder de Deus em grande medida. Muitas pessoas da época sabiam disso. Porém, diante do perigo, aqueles milhares de seguidores acabaram abandonando-o no final. A Bíblia descreve em tom trágico essa cena, difícil de entender para aqueles que não têm uma compreensão do espírito religioso: Jesus entrou em Jerusalém, a capital dos judeus na época, decidido a cumprir o que estava escrito numa profecia do Antigo Testamento (no Livro de Isaías), feita mais ou menos mil anos antes de sua época. Uma das interpretações dessa profecia sugere que iria nascer o filho de Deus e que ele entraria na capital montado numa mula, rodeado por seu povo, que estaria gritando: "Hosana [salve-nos]", sendo depois crucificado. Jesus estava convencido de que era ele quem iria cumprir a profecia; então, entrou em Jerusalém, se deixou ser capturado e sentenciado à morte. Jesus sabia muito bem desses eventos, e até informara seus discípulos de antemão.

Na época, um dos Doze Apóstolos (Pedro) pediu-lhe que não entrasse em Jerusalém, pois seria capturado e morto. Mas Jesus rejeitou com firmeza o pedido de Pedro dizendo: "Para trás, Satanás!". A palavra "Satanás" talvez tenha sido muito forte para quem apenas queria proteger a vida de seu mestre. Jesus talvez costumasse repreender com firmeza aqueles que o faziam questionar suas convicções.

O sentido de dois episódios dos últimos dias de Jesus

Os chamados Doze Apóstolos foram os últimos discípulos de Jesus, os escolhidos que ficaram com ele até o fim dentre a multidão de milhares de seguidores. Até mesmo alguns dos apóstolos não conseguiam acreditar totalmente em seu mestre, ou eram iludidos por assuntos mundanos. Um exemplo foi Judas, o Traidor, encarregado de guardar o dinheiro do grupo – função equivalente à de um contador nos dias de hoje. Existem várias teses a respeito das razões que levaram Judas a trair Jesus, mas o mais provável é que ele não concordasse, como administrador do dinheiro, com o modo de vida de seu mestre.

Seu descontentamento poderia ser comparado à insatisfação que o departamento de contabilidade da matriz de uma companhia teria em relação às atividades das suas filiais, realizando uma auditoria de surpresa e discordando do que elas estivessem fazendo. O exemplo a seguir mostra isso particularmente bem.

Muitas mulheres amavam Jesus naquela época, e várias delas se chamavam Maria. Embora não se tenha certeza de qual dessas Marias se tratava, supõe-se que foi Maria Madalena que uma vez demonstrou seu mais alto respeito por Jesus aplicando um perfume ou óleo aromático muito caro nos seus longos cabelos para esfregá-los e limpar com eles os pés de Jesus. Ao ver isso, Judas, o gestor do dinheiro, disse: "Não teria sido melhor se tivéssemos vendido esse perfume por 300 denários?". Não se sabe ao certo o quanto seria em termos de moedas atuais, mas, ao que parece, o perfume tinha o mesmo valor de um ano de salários, o que corresponderia a uns 30 mil dólares de hoje.

Temos, então, a seguinte cena: uma seguidora que havia usado um perfume de 30 mil dólares para limpar os pés de Jesus com seus cabelos, e um de seus discípulos que viu isso como desperdício.

Com o dinheiro que se obteria com a venda do perfume ele deve ter pensado: "Isso poderia nos sustentar por um ano inteiro". Contadores também cuidam de provisões e hospedagem; assim, Judas pode ter pensado que seus esforços não estavam sendo devidamente compreendidos e que havia desperdício de dinheiro.

Porém, nessa ocasião Jesus repreendeu a crítica feita à ação da mulher e disse: "Pois os pobres vocês sempre terão consigo (...), mas a mim vocês nem sempre terão" (Marcos, 14:7). E seguiu dizendo algo como: "O dia da minha partida deste mundo se aproxima. Portanto, a ação dela é elogiável e deverá ser celebrada nas futuras gerações. Ela merece elogios por demonstrar supremo amor sem se importar com dinheiro, agora que minha morte é iminente".

Outro episódio foi o seguinte. Maria Madalena tinha uma irmã chamada Marta. Certo dia, enquanto Marta estava ocupada preparando o jantar para Jesus e seus seguidores, sua irmã mais nova ouvia atentamente as falas de Jesus. Então, ela pediu a Maria que a ajudasse na cozinha. Mas Jesus também refutou essa repreensão. Para Marta, o mais importante era preparar o jantar para Jesus e, aos olhos dela, a irmã mais nova estava apenas se distraindo com Jesus ou querendo parecer bem diante dele. Enquanto as pessoas à volta de Jesus valorizavam as questões do seu cotidiano, exigindo de outros que fossem cumpridas, Jesus já tinha ciência de que vivia seus últimos dias.

Os judeus venderam Jesus para se preservar

Desse modo, Jesus encaminhou-se para o próprio aprisionamento de modo intencional. Dizem que, antes de ser preso, passou a noite em oração no jardim de Getsêmani. Porém, enquanto rezava, seus discípulos caíram no sono várias vezes, embora Jesus tivesse pedido que ficassem acordados. Como seguidores, eles deveriam manter-se acordados e não se distanciar de seu mestre um instante sequer, pois a morte dele

• O ESPÍRITO DE AUTOSSACRIFÍCIO •

estava próxima. Apesar disso, não conseguiram resistir ao sono. Enquanto dormiam, os soldados romanos vieram, levaram Jesus embora e mais tarde o sentenciaram num tribunal religioso judaico.

As autoridades romanas sugeriram várias vezes que Jesus fosse solto, pois consideravam que seu crime não era grave. Os judeus, no entanto, não perdoaram Jesus. Naquela época, havia o costume de libertar um prisioneiro no dia da Páscoa. Havia na cadeia outro condenado chamado Barrabás, que também tinha sido sentenciado à morte, e Pilatos, o governador romano da Judeia, perguntou ao povo: "Qual dos sentenciados à morte vocês querem que seja libertado? Barrabás ou Jesus? Soltarei aquele que escolherem".

E a multidão de judeus gritou para que Barrabás fosse solto, em vez de Jesus. Conta-se que Barrabás era um assaltante e assassino; algumas fontes dizem que era um agitador político. Mas o povo gritou para que o criminoso fosse solto e Jesus, executado.

Jesus tinha milhares de seguidores na época, e muitas pessoas sabiam dos milagres que realizava, haviam testemunhado ou ouvido alguém contar sobre eles. No entanto, os líderes religiosos tradicionais temiam que Jesus se tornasse influente e virasse uma ameaça à religião judaica existente. Naquela época, a Judeia era uma colônia de Roma; para se preservar, ou seja, para garantir que a sua religião continuasse sob a proteção romana, os judeus concordaram em vender Jesus.

Essa é a razão pela qual as igrejas cristãs e o Vaticano dizem hoje que o cristianismo, em essência, não se baseia na democracia; afirmam que há uma hierarquia criada por Deus e que as pessoas devem se submeter a ela. O que o cristianismo diz, portanto, não difere muito do que o islamismo afirma. Enfim, podemos perceber que uma maioria pode às vezes ceder a fervores do momento e mudar sua escolha.

O verdadeiro sentido da última oração de Jesus

Existem várias interpretações sobre as últimas palavras de Jesus; discute-se se ele realmente teria dito: "Meu Deus, meu Deus, por que me abandonaste?". Na coletânea de mensagens espirituais reunidas na fase inicial da Happy Science[13], consta que as palavras de Jesus teriam sido as seguintes: "Isso é um equívoco. O que eu disse foi: 'Elias, Elias, Rafael'. Eu estava chamando Elias e Rafael para virem me buscar". Contudo, certos Evangelhos interpretam suas palavras originais: "*Eli, eli, lemá sabactâni*" co-

---

13 *Christ no Reigen* ("Mensagens Espirituais de Jesus Cristo"), hoje compiladas na obra *Okawa Ryuho Reigen Zenshū* ("Coletânea de Mensagens Espirituais de Ryuho Okawa", Vol. 5. Tóquio: Happy Science, 1999).

mo se Jesus aclamasse: "Meu Deus, meu Deus, por que me abandonaste?".

Algumas pessoas da multidão afirmaram que Jesus havia chamado por Elias, portanto é provável que tenham enxergado a cena espiritual. Assim, foi um pouco infeliz considerar que sua última frase tenha sido uma súplica.

Se Jesus fosse o tipo de pessoa que implorasse por sua vida no final, então não teria agido como fez até a cena final. Essa visão caberia mais a um ser humano comum. Provavelmente, esta parte foi alterada para que pudesse soar mais racional a discípulos de gerações posteriores, que não conheceram Jesus pessoalmente.

Seja como for, mesmo que Jesus tenha, de fato, perguntado a Deus: "Por que me abandonaste", é incontestável que ele seguiu seu destino de modo obediente. Ele morreu pregado na cruz com grandes cravos enfiados em seus membros. Depois, teve seu costado perfurado por uma lança. Esse foi o fim mais miserável que alguém que tivesse vindo salvar este mundo poderia ter.

Jesus viera salvar o mundo; portanto, mereceria o reconhecimento e o amor das pessoas. Ao contrário, colocaram-lhe sobre a cabeça uma coroa de espinhos, crucificaram-no ao lado de criminosos e o perfuraram com uma lança. Até suas vestes foram rasgadas e tiradas dele no final. Seu final foi muito triste. Os carrascos levaram tudo o que tivesse algum valor material. Várias pessoas, entre elas sua mãe Maria, Maria Madalena, Salomé e João, o evangelista, assistiram a tudo isso.

As maneiras de viver com fé, como demonstradas pelos Doze Apóstolos e por cristãos clandestinos

Alguns dos Doze Apóstolos assistiram à execução de Jesus à distância e chegaram a traí-lo mais tarde. Pedro, por exemplo, havia sido advertido por Jesus, que lhe disse: "Antes do galo cantar, irás me negar três vezes", e foi exatamente o que Pedro fez. Ao ouvir o galo cantar, ele chorou amargamente constatando o quanto era frágil sua fé.

Contudo, mesmo que os discípulos tivessem deixado a desejar, ao formarem o grupo dos Doze Apóstolos possibilitaram que a ordem religiosa de Jesus perdurasse ao longo de gerações. Portanto, nunca se sabe como será o desdobramento de uma situação; foi melhor tê-los ao seu lado do que não ter ninguém. E justamente por haver alguém com vontade de propagar as palavras de Jesus é que o cristianismo foi transmitido às gerações futuras e surgiram pessoas como Paulo, que, apesar de nunca ter tido contato pessoal com Jesus, passou de perseguidor de cristãos a grande difusor do cristianismo.

Os discípulos de Jesus sofreram intensa violência após a morte do mestre. Muitos foram crucificados; inclusive alguns foram pregados na cruz invertida, de cabeça para baixo, o que constituía a forma mais severa de punição. Ou, então, devorados por leões no Coliseu de Roma, em espetáculos públicos. Tais desfechos foram os mais terríveis. Em vez de trazer-lhes felicidade, a fé fez com que essas pessoas experimentassem os mais terríveis sofrimentos. Se era esse o resultado da fé, então era natural que algumas pessoas a negassem ou a mantivessem oculta.

Na realidade, muitos conservaram-na em segredo. Alguns realizavam atividades clandestinas e reuniões secretas, impedindo que a tocha da fé se apagasse. No Japão, por exemplo, houve uma época em que existiram os "cristãos ocultos" na província de Nagasaki. Parte deles sofria perseguições, mas, mesmo assim, sobrevivia recorrendo à clandestinidade.

Também havia cristãos ocultos na província de Tokushima. No caminho para o templo Seitankan da Sagrada Terra de El Cantare – situado no local onde nasci, em Kawashima, na cidade de Yoshinogawa –, há um bairro chamado Uezakura. Antigamente, erguia-se perto dali um castelo que abrigava cristãos ocultos, cuja fé tem sido transmitida por gerações e gerações. Embora houvesse no Japão alguns agrupamentos clandestinos de cristãos, essa fé não alcançou grande porte. O cristianismo foi suprimido ali e não conseguiu se difundir, em razão da existência de outras religiões e ao sistema social do país, mas isso seria tema de uma discussão religiosa à parte. O Japão já possuía religiões com forte alicerce; portanto, o cristianismo não conseguiu prevalecer.

Os valores que Jesus revelou, com sua morte, a uma sociedade cheia de egos em conflito

Seja como for, Jesus foi de fato um homem de autossacrifício. Curou cegos e fez andar aleijados. A Bíblia chega a descrever o seguinte episódio: alguns homens trouxeram um senhor doente para ser curado por Jesus, mas não conseguiram entrar pela porta da frente, pois havia lá uma grande multidão; então, removeram uma parte do telhado e, usando uma corda, fizeram o doente descer pela abertura para que fosse curado por Jesus.

É uma situação anormal, muito improvável e inimaginável. Certamente havia uma multidão enorme reunida para ver Jesus. Talvez a história tenha sido um pouco exagerada, mas deve ter algum fundo de verdade. Jesus escolheu o caminho do autossacrifício em meio a esse cotidiano.

• O ESPÍRITO DE AUTOSSACRIFÍCIO •

Os cristãos hoje não conseguem perdoar o que seus ancestrais fizeram com Jesus, apesar dessa boa vontade. Por essa razão, eles acabaram nutrindo a forte crença de que os humanos carregam o pecado original, como filhos do pecado e, portanto, são pecadores.

O fato é que alguém como Jesus, que não tinha pecado original, acabou sendo executado. Essa ideia levou as pessoas – que criaram um mundo no qual os fortes conseguem sobreviver numa sociedade cheia de egos em choque –, a acreditar piamente em seu coração que são pecadoras desde o início, e a ter às vezes sentimentos de expiação. Passaram também a crer que: "Se tiverem fé em alguém que morreu sem nenhum desejo pelos valores mundanos, talvez possam ser perdoadas dos seus pecados".

Jesus fez coisas que os indivíduos comuns seriam incapazes de realizar e mostrou um grande espírito de autossacrifício. De um ponto de vista moderno, ou da perspectiva dos japoneses que têm pouca religiosidade, muitas das atitudes de Jesus podem parecer tolas. Alguns podem achar que, antes de se falar em salvador, ele deveria ser alguém bem-sucedido. Por outro lado, podemos dizer que era uma pessoa de fato altruísta, sem traços egoístas.

Um homem que vivia curando os doentes, oferecia às pessoas palavras de salvação e pregava sempre o caminho para entrar no Paraíso morreu com criminosos ao seu lado, sangrando, com uma coroa de espinhos na cabeça. Em resumo, seu final significa que às vezes é necessário expressar por meio de um símbolo que "os valores espirituais se opõem diretamente aos valores mundanos, adotados pela maioria", para demonstrar o que significa "ser espiritual".

Quando os seres humanos procuram apenas o desenvolvimento e a prosperidade mundana, materialista, tendem a se afastar da essência da religiosidade. Com isso, cada vez mais indivíduos irão se concentrar em proteger a si mesmos e aos seus interesses, e considerarão quem tem esse tipo de inclinação como esperto ou inteligente.

Essas pessoas que se tornaram espertas estudando ou se aperfeiçoando por meio do trabalho, que são boas em proteger a si mesmas ou preservar seus interesses são, de certo modo, similares àqueles devotos fiéis judeus que tentaram preservar sua religião convencional perseguindo Jesus. No entanto, o mesmo pode ser dito sobre os cristãos, que também passaram a perseguir religiões criadas após o cristianismo. Essa é uma dificuldade que existe no âmbito da religião.

4

GRANDES FIGURAS QUE VIVERAM
UMA VIDA DE AUTOSSACRIFÍCIO – 3

Mani, o fundador do maniqueísmo, esfolado vivo

O fundador do maniqueísmo, antiga religião mundial, teve um fim trágico

O maniqueísmo foi uma religião que surgiu apenas duzentos anos depois do cristianismo. Um homem chamado Mani, considerado uma reencarnação de Zoroastro[14], deu ensinamentos que se difundiram em seu tempo de vida a ponto de transformar o maniqueísmo numa religião de âmbito mundial em sua época.

O principal ensinamento do maniqueísmo era a *dualidade entre bem e mal*, exatamente como no zoroastrismo. Ambas as religiões sustentavam uma vi-

---

14 Zoroastro, também conhecido como Zaratustra (ca. século VII a.C.) foi o fundador do zoroastrismo. Nasceu na Pérsia, o antigo nome do atual Irã, e ensinou a dualidade entre o bem e o mal. Sua alma reside na nona dimensão do Mundo Espiritual. Ver *As Leis do Sol*, 2ª ed. (São Paulo: IRH Press, 2015) e *As Leis Douradas* (São Paulo: Bestseller, 2001). (N. do T.)

são de mundo na qual o "Deus da Luz" e o "Deus das Trevas" viviam em constante conflito.

Aqueles que têm plena ciência do conflito existente entre o Céu e o Inferno sabem que não se consegue guiar as pessoas sem lhes transmitir esse princípio. Por isso, Zoroastro, um homem que havia pregado a batalha dualista entre o Céu e o Inferno, renasceu na Terra como Mani, para continuar a transmitir o mesmo ensinamento.

Um episódio famoso relacionado ao maniqueísmo é conhecido como "a conversão de Santo Agostinho". Santo Agostinho havia se tornado maniqueísta no norte da África, mas foi convencido pela mãe, Mônica, a se converter ao cristianismo. Isso significava que até Agostinho concluíra que o maniqueísmo era ruim e decidira descartá-lo e adotar o cristianismo. Isso, por sua vez, ajudou o cristianismo a sobreviver além da Idade Média.

Mani não era cristão. Na época, o zoroastrismo, religião que ele criara numa vida anterior, ainda existia, assim como seu costume de promover o enterro celestial. Essas cerimônias eram baseadas, ao que parece, num significado semelhante ao das oferendas: os cadáveres eram oferecidos a outras criaturas, de maneira que não fossem desperdiçados. Eram colocados no alto de uma colina e deixados ali como alimento para aves de rapina.

• O ESPÍRITO DE AUTOSSACRIFÍCIO •

O maniqueísmo continuou a se expandir até se tornar uma religião mundial, mas Mani teve um fim trágico: foi sentenciado a ter a pele esfolada de seu corpo inteiro, e depois encaminhado a um enterro celestial, para ser comido pelas aves. O zoroastrismo ainda era ativo em sua época e dizem que foram os seguidores dessa religião que assassinaram Mani.

É realmente doloroso ver que aqueles considerados como salvadores sejam derrotados neste mundo e morram dessa maneira. Porém, isso significa que, às vezes, a tragédia é a única maneira de converter pessoas; essa é a razão pela qual os salvadores viram sua obra perecer. Além disso, é bem possível que pessoas de poder tenham sido tomadas por demônios e se mostrado mais fortes do que eles.

Historicamente, movimentos políticos e movimentos religiosos são inseparáveis

Na época de Jesus, os judeus estavam sob o domínio de Roma e não tinham condições de se armar para lutar e derrotar o grande Império, liderado por um imperador com o título de César e que contava com a força do imenso Exército Imperial Romano. Portanto, buscavam um político revolucionário. Por isso, a palavra "messias", transmitida por várias gerações, continha o significado de "líder político". Nesse sentido, Moisés foi um messias, assim como outros líderes citados no Antigo Testamento; eles estavam comprometidos com a libertação do povo. Essa era a tendência daqueles que assumiam essa função. Mais recentemente, Abraham Lincoln e Martin Luther King Jr. também tinham essa característica; talvez Malcolm X[15] também tenha apresentado esse aspecto. Portanto, movimentos políticos e religiosos sempre estão interligados de alguma forma.

O judaísmo é ativo ainda hoje. Se Jesus tivesse sido capaz de dar a independência aos judeus, estes provavelmente o teriam reconhecido como o verdadeiro Cristo e Salvador. Mas, como ele não conseguiu, foi abandonado.

Além disso, os judeus creem que os ensinamentos da mente e as atividades políticas devem andar de mãos dadas, e reprovaram a postura de Jesus, que descartava qualquer aspecto político. E, quando perguntado a respeito de dinheiro, disse algo que soa como a separação da religião e da política dizendo: "A César o que é de César, a Deus o que é de Deus". Com isso, acabou mostrando fragilidade.

---

15 Malcolm X (1925-1965) foi um líder negro americano que dirigiu um dos movimentos de emancipação dos negros. Ele era membro ativo dos Muçulmanos Negros; porém, mais tarde fundou o próprio grupo. Malcolm X era um líder radical e agressivo, ao contrário de Martin Luther King, Jr. que pregava a não violência. (N. do A.)

• O ESPÍRITO DE AUTOSSACRIFÍCIO •

Contudo, hoje os cristãos não separam necessariamente religião e política, como podemos ver no Vaticano, que tem independência política. O islamismo compartilha um traço similar. A questão é que, no tempo de Jesus, havia pessoas que criticavam Cristo por ele não possuir força política. Em compensação, ele demonstrou uma pureza muito maior em seu mundo interior.

5

GRANDES FIGURAS QUE VIVERAM UMA VIDA DE AUTOSSACRIFÍCIO – 4

João Huss e Joana d'Arc

O Reitor Huss foi queimado na fogueira por traduzir a Bíblia para o povo tcheco

Na Idade Média, João Huss[16], que teve grande influência nas Guerras Hussitas, e Joana d'Arc[17], que salvou a França, também tiveram uma vida de autossacrifício.

Huss era muito instruído, um alto intelectual que ocupava o posto de reitor da Universidade de Pra-

---

16 João Huss (ca. 1370-1415) foi um pensador e reformador religioso da Europa medieval, que viveu na Boêmia. Foi ordenado padre na Capela de Belém e tornou-se reitor da Universidade de Praga. Trabalhou educando as pessoas por meio da tradução que fez da Bíblia para o tcheco, entre outras coisas, mas acabou sendo queimado na fogueira, acusado de heresia, depois de criticar a corrupta Igreja Católica Romana e de conduzir reformas na igreja. (N. do A.)

17 Joana d'Arc (1412-1431) recebeu revelações de Deus e conduziu a França à vitória na Guerra dos Cem Anos (1339-1453), travada entre a Inglaterra e a França. Era conhecida também como a Donzela de Orléans. Aos 17 anos, salvou a cidade de Orléans, sitiada e quase derrotada, ao combater e expulsar as forças inglesas. Mais tarde, foi presa pelos borgonheses, povo francês aliado à Inglaterra, julgada e queimada na fogueira por heresia. (N. do A.)

ga, mas se envolveu em conflitos contra organizações e contra a Igreja Católica Romana, que passaram a debater se Huss era herege ou não. Ao traduzir a Bíblia para o tcheco, Huss ajudou a modernizar a própria língua tcheca, porém o fato de ter tornado a Bíblia disponível ao povo tcheco acabou levando-o a ser queimado na fogueira. Mais tarde, as chamadas Guerras Hussitas eclodiram e se disseminaram.

Joana d'Arc salvou seu país, a França, mas foi capturada e queimada na fogueira por seus conterrâneos

Joana d'Arc era filha de um agricultor da aldeia francesa de Domrémy, e não recebeu nenhuma instrução especial. Um dia, porém, ela ouviu uma voz divina dizendo-lhe que deveria expulsar o exército inglês invasor. Então, dedicou a vida para que França conquistasse sua independência da Inglaterra. Montada num cavalo branco, ela seguiu a voz celestial e conduziu campanhas militares pela independência do seu país.

Joana lutou durante apenas dois anos, dos seus 17 aos 19 anos. O fato de uma jovem francesa ter ouvido uma voz divina encorajou o exército do país e levou-o a obter várias vitórias miraculosas e finalmente a superar o exército inglês, quando a França estava prestes a perder a nação. Ser formos relacionar esse evento com o século XX, podemos dizer que o surgimento de Joana d'Arc foi equivalente ao desembarque das tropas Aliadas na Normandia, que levou à libertação da França na Segunda Guerra Mundial.

Então, Joana d'Arc caiu em uma cilada dos inimigos; porém, na verdade, as pessoas que a prenderam, julgaram e executaram foram seus conterrâneos franceses.

O clero francês provavelmente não quis aceitar como santa uma mulher camponesa, com menos de vinte anos e analfabeta. Joana d'Arc era de uma vila rural; segundo os ensinamentos do catolicismo, as pessoas devem obediência aos pais e foi usando esse raciocínio que a igreja francesa a fez reconhecer que tinha contrariado seus pais e, portanto, cometido um pecado. Além disso, arranjaram pretextos para acusá-la de herege.

No final, foi queimada na fogueira, tratada como se fosse uma "feiticeira". Na Idade Média, eram frequentes os julgamentos de feiticeiras, e o de Joana d'Arc também teve esse aspecto. Joana não conseguiu ganhar nada em proveito próprio; simplesmente encontrou a morte na fogueira.

6

GRANDES FIGURAS QUE VIVERAM UMA VIDA DE AUTOSSACRIFÍCIO – 5

O Buda Shakyamuni e os *Contos de vidas passadas*

A prática do jejum tem um aspecto de espírito de autossacrifício

O espírito de autossacrifício, como os que vimos nos exemplos anteriores, existe desde tempos muito antigos; o aprimoramento espiritual por meio do jejum é uma de suas formas. Se depender dos instintos, a vontade natural do ser humano é de comer e beber, e parece insensato empreender um treinamento espiritual que pode levá-lo para mais perto da morte.

Se, mesmo assim, algumas pessoas continuam com esse tipo de ascetismo é porque, em tempos passados, muitas delas desenvolveram suas aptidões espirituais desafiando esses atos aparentemente sem sentido para negar os valores e a lógica do mundo terreno.

O jejum é uma prática comum na Índia, em Israel e na península Arábica. Isso mostra que as pessoas têm se dedicado sempre a tentar abrir um canal para algo mais elevado por meio da negação daquilo que os humanos naturalmente desejam neste mundo.

O Buda Shakyamuni dedicou-se à meditação, e praticou também o jejum nas montanhas e florestas durante seis anos de um treinamento ascético, depois de abandonar sua residência real. Por isso, dizem que antes de alcançar a iluminação ele estava tão magro que suas costelas ficavam saltadas e suas veias eram claramente visíveis.

Muitos indivíduos experimentam fenômenos espirituais durante o processo de superar os desejos da carne. É a vontade de submeterem-se a experiências duras em busca da Verdade. Nem todas essas práticas têm um caráter celestial, mas muitas pessoas têm de fato aprimorado seus sentidos espirituais e adquirido poder espiritual, ou tiveram experiências fora do corpo, por meio dos treinamentos ascéticos.

Assim, o jejum e outros tipos de treinamento ascético envolvem de certo modo um espírito de sacrifício. Em geral, todo mundo se esforça para levar um tipo de vida o mais feliz possível no sentido mundano, na suposição de que o mundo terreno representa todo o universo onde vivemos; mas, para se tornar espiritualizado, você precisa fazer exatamente o oposto.

O espírito de autossacrifício nos *Contos de vidas passadas* do Buda Shakyamuni

O comportamento que descrevi até aqui era comum mesmo antes da época do Buda Shakyamuni. Os *Contos Jataka*, considerados como histórias das vidas passadas do Buda, contêm relatos similares. Entretanto, como também incluíram neles muitos contos folclóricos, não podemos considerar todas as narrativas como encarnações passadas dele.

Uma das histórias relata que Shakyamuni viveu como um animal em tempos antigos, quando havia uma multidão de budas vivos, e que foi um animal esplêndido, o que teria feito com que, em seu próximo nascimento, fosse um ser elevado.

Na Índia, a filosofia da reencarnação baseia-se na ideia de que as almas transmigram por uma ampla gama de domínios da vida, do reino animal até o reino humano. Isso em parte é verdadeiro[18], mas, de qualquer forma, talvez os animais e humanos tenham sido mais próximos naquela época.

Outra dessas histórias diz que, quando Shakyamuni viveu como coelho, encontrou um monge iti-

---

[18] De acordo com a Happy Science, as almas humanas geralmente reencarnam como almas humanas, e as almas animais como animais. Mas há exceções. Ver *A Verdade sobre o Mundo Espiritual* (São Paulo: IRH Press, 2018). (N. do T.)

nerante que estava praticamente morrendo de fome, e que então mergulhou numa fogueira para ser assado e oferecido como comida. Por meio desse ato de virtude, Buda em seguida nasceu como ser humano. Essa história tem um forte caráter de fábula infantil com uma moral.

Uma terceira história conta que, ao nascer como príncipe, estava um dia passeando por um bambuzal e viu que uma mãe tigresa e seus filhotes passavam fome. Então, saltou do alto de um rochedo para oferecer seu corpo como alimento.

Os *Contos Jataka* incluem esse tipo de história. Trata-se de um conto muito radical, e é de se duvidar se tal ato caberia na sociedade moderna, mas o espírito de autossacrifício descrito nele é compreensível. Essas histórias mostram claramente que "aqueles que fazem aprimoramento espiritual sacrificando-se pelos outros e pelo mundo de diversas formas gradualmente se transformam em almas elevadas".

• O ESPÍRITO DE AUTOSSACRIFÍCIO •

7
GRANDES FIGURAS QUE VIVERAM UMA VIDA DE AUTOSSACRIFÍCIO – 6
As palavras de Shōin Yoshida

Em tempos mais recentes, examinando-se o Japão na época da Restauração Meiji do século XIX encontraremos a figura de Shōin Yoshida[19]. Algumas pessoas parecem não entender sua grandeza, assim como se deu com Jesus Cristo.

Por exemplo, um artigo recente de jornal declarou que os nomes de Shōin Yoshida e Ryōma Sakamoto[20] poderiam muito bem ser retirados da próxima edição dos livros didáticos, o que desencadeou um debate. Talvez isso se deva ao fato de suas realizações históricas terem sido vagas e difíceis de iden-

---

[19] Shōin Yoshida (1830-1859) foi um ativista político japonês e professor de tática militar. Formou vários líderes competentes, e foi uma das forças que impulsionaram a Restauração Meiji. (N. do T.)

[20] Ryōma Sakamoto (1836-1867) foi um patriota japonês. Foi mediador da Aliança Satsuma-Chōshū e fez grandes esforços para restaurar o governo imperial sem recorrer à força militar. Foi figura proeminente no movimento de derrubada do xogunato Tokugawa. (N. do T.)

tificar. Isso mostra claramente que o embasamento em evidências empíricas e o "pensamento científico" passaram a invadir o campo da história e das ciências humanas em geral.

De fato, quando estudamos a vida de Shōin, vemos que ele terminou como um "fracassado". No entanto, é evidente que não era o tipo de pessoa que tentava competir por resultados. Quem realizou coisas foram as pessoas ensinadas por Shōin. Enquanto as instruía, Shōin procurava se desapegar de seu ego ao máximo e demonstrava por seu estilo de vida qual era a melhor maneira de servir o país e de viver como ser humano. Ele era extremamente indiferente a benefícios e perdas.

Shōin foi considerado um gênio desde a infância; segundo a lenda, já dava palestras diante do seu senhor local[21] aos dez anos de idade. Portanto, é inimaginável que lhe faltasse inteligência. Mais tarde, Shōin cresceu a ponto de ter competência para ensinar as táticas militares do estilo Yamaga, mas rendeu-se por vontade própria e foi depois decapitado. Seria simplista julgar seu comportamento como imprudente.

---

21 Na época de Shōin, o Japão possuía uma divisão administrativa descentralizada, formada por por domínios feudais chamados *han*, que eram propriedades de grandes senhores feudais. O senhor local a que se refere este trecho é da classe desses senhores feudais. (N. do T.)

• O espírito de autossacrifício •

A verdade é que ele sabia muito bem que, tendo nascido em uma área interiorana de Chōshū (atual província de Yamaguchi), precisava se tornar algum tipo de "estopim" para cumprir algo tão revolucionário como mudar o Japão inteiro. Seus pensamentos mais íntimos não foram facilmente compreendidos pelas pessoas comuns, mas algumas delas captaram seu sentido. Ele estava convencido de que sua morte seria significativa se desencadeasse uma mudança no país.

De fato, ele dizia a seus discípulos algo como: "Se sua morte não serve para mudar nada, então escolha sobreviver; se você considera que viver mais tempo será mais benéfico ao mundo e aos outros, então sugiro que tenha uma vida longa. Mas, se abrir mão de sua vida for mais benéfico ao mundo e aos outros, então tenha o prazer de abrir mão dela".

Pessoas que não compreendem o sentido da morte de Shōin tampouco entendem o sentido da morte de Cristo. É provável que achem que ambos não sabiam aproveitar a vida neste mundo e que morreram sem cumprir ou alcançar nada. Talvez imaginem que eles sejam glorificados como uma forma de consolo.

8
GRANDES FIGURAS QUE VIVERAM UMA VIDA DE AUTOSSACRIFÍCIO – 7
O presidente Lincoln e o general Maresuke Nogi

Enquanto assistia a uma peça de teatro com a esposa, o presidente americano Abraham Lincoln foi assassinado com um tiro disparado por um dos atores. Conta-se que, antes desse dia, durante um tempo ele teve vários sonhos nos quais era assassinado, e pessoas próximas tentaram dissuadi-lo de ir ao teatro naquele dia. Até o chefe de seus guarda-costas se opôs fortemente à sua ida, mas o presidente deu-lhe um dia de folga para ficar livre dele e poder ir ao teatro, quando então foi alvejado.

Isso provavelmente estava ligado ao fato de ele ter sido responsável pela morte de muitos americanos durante a Guerra de Secessão. Nesse conflito morreram mais de seiscentas mil pessoas, um número maior do que os americanos que sucumbiram na Segunda Guerra Mundial (trezentos mil). Isto é, morreram mais pessoas na Guerra Civil Americana do que numa grande guerra internacional. Essa batalha civil produziu a maior taxa de morte nos Estados Unidos e, como sua natureza indica, causou matança entre cidadãos que compartilhavam a mesma nação; os exércitos do norte e do sul não eram essencialmente inimigos. Talvez o presidente Lincoln tenha se sentido muito responsável pela morte de tanta gente e não estivesse mais disposto a continuar vivendo depois de cumprir sua missão como presidente.

O mesmo pode ser dito do general japonês Maresuke Nogi[22], na Guerra Russo-Japonesa. Ele provavelmente se sentiu responsável pela morte de grande número de jovens sob seu comando durante a batalha pela colina 203. Talvez também se sentisse responsável por aquelas famílias em luto, assim como pelo imperador. Por isso, no dia do funeral do imperador Meiji ele tirou a própria vida com uma espada, no que foi seguido logo depois pela esposa. Seus sentimentos são, de certa forma, compreensíveis.

---

22 Maresuke Nogi (1849-1912) foi um importante militar japonês que desempenhou um papel fundamental na Guerra Russo-Japonesa. Foi considerado um herói nacional e um modelo de lealdade feudal e autossacrifício. (N. do T.)

9
GRANDES FIGURAS QUE VIVERAM UMA VIDA DE AUTOSSACRIFÍCIO – 8
Ryōma Sakamoto e sua grande ambição abnegada

Além do nome de Shōin Yoshida, o de Ryōma Sakamoto da mesma forma parece que irá desaparecer dos livros didáticos japoneses; é como se o sistema educacional japonês quisesse reproduzir o sistema *yutori*[23]. Seja como for, o espírito de autossacrifício também estava presente no modo de vida de Ryōma.

Ele foi um exímio espadachim, mas parecia ser uma pessoa pouco resguardada e desprotegida. Apesar disso, foi capaz de realizar grandes empreendimentos, com a ajuda da "sorte" em muitas ocasiões.

---

23 O sistema de educação *yutori* (que significa "frouxo", em japonês) foi uma política de ensino que reduziu o conteúdo didático e a carga horária nas escolas japonesas. O movimento começou na década de 1980 e se intensificou na década de 2000. Porém, depois que o Japão caiu várias posições no ranking do Programa Internacional de Avaliação de Estudantes (PISA), o sistema recebeu duras críticas e foi reformulado em 2008. (N. do T.)

• O ESPÍRITO DE AUTOSSACRIFÍCIO •

Especula-se muito sobre as circunstâncias de seu assassinato, que ainda permanece nebuloso. Isso significa que Ryōma tinha muitos inimigos. Existem diversas teses quanto à autoria do crime: um integrante da Mimawari-gumi[24], um guerreiro da província de Satsuma[25], um combatente da província de Tosa[26] ou um samurai da Shinsen-gumi[27]. Nessas circunstâncias, mudava seu local de abrigo constantemente, passando inclusive pelas pousadas Teradaya e Oumiya. Por essa atitude, podemos deduzir que ele sabia que estava destinado a ser morto. Ainda assim, é mais sensato concluirmos que ele cumpriu sua missão como revolucionário. No final, foi morto por um golpe de espada no dia de seu aniversário, pego desprevenido. Provavelmente tinha pouco apego à vida.

Ryōma foi assassinado depois de Yoshinobu Tokugawa ter entregado as rédeas do governo ao imperador. Muitos eram contra a restauração do governo imperial; na facção dos revolucionários, alguns acreditavam que causar uma revolução significava elimi-

---

24 Mimawari-gumi foi uma força policial especial para restaurar a ordem pública do xogunato em Quioto, criado no período final do seu regime. (N. do T.)
25 Um dos dois domínios feudais que fez parte da Aliança Satsuma-Chōshū (1866), intermediada por Ryōma. Apesar de Satsuma e Chōshū terem se rivalizado, Ryōma conseguiu a façanha de uni-las para derrubar o xogunato Tokugawa. (N. do T.)
26 Domínio feudal onde Ryōma nasceu e cresceu. (N. do T.)
27 Shinsen-gumi foi uma força policial especial para combater os grupos anti-xogunato do xogunato em Quioto, criado no período final do seu regime. (N. do T.)

nar o antigo líder, e ficaram inconformados pelo fato de a vida de Tokugawa ter sido poupada, ainda que tenha ocorrido uma revolução. Desse modo, parte dos guerreiros considerou imperdoável a abordagem de Ryōma, por seu traço conciliatório.

Descobriu-se mais tarde que Ryōma não colocara seu nome na lista que ele mesmo havia feito dos membros do novo governo. Se Takamori Saigō e Kogorō Katsura[28] haviam sido nomeados como conselheiros, esperava-se que Ryōma também fizesse parte da lista. Mas ele não só omitiu seu nome como teria declarado: "Assim que a restauração estiver concluída, vou navegar e me dedicar ao comércio exterior!". Com isso, fica óbvio que ele era abnegado em sua grande ambição, ou seja, não tinha intenção de se beneficiar da realização de uma grande façanha.

Outro aspecto relevante é que, naqueles tempos, era ilegal sair do próprio domínio feudal sem autorização; porém, como ele havia feito isso, sua família e seus amigos sofreram vários tipos de perseguição. Assim, podemos ver que o espírito de autossacrifício é essencial para aqueles que querem mudar o mundo, estejam atuando na política ou na religião.

---

28 Takamori Saigō (1828-1877) e Kogorō Katsura (1833-1877) foram políticos japoneses, líderes destacados da Restauração Meiji. Saigō, de Satsuma, e Katsura, de Chōshū, formaram a Aliança Satsuma-Chōshū contra o xogunato Tokugawa, com a intermediação de Ryōma. (N. do T.)

10

GRANDES FIGURAS QUE VIVERAM
UMA VIDA DE AUTOSSACRIFÍCIO – 9

O espírito samurai da tripulação do navio de guerra *Yamato*

Atos de terrorismo e coerção perpetrados por ditadores não devem ser considerados autossacrifício

O espírito de autossacrifício não pode ser confundido com um ato de terrorismo. Essa é uma questão difícil. Algumas pessoas podem argumentar que um ataque suicida também é uma forma de autossacrifício, mas deve-se levar em conta o resultado produzido por tal ação ou a mentalidade da pessoa que a executa. Acima de tudo, o espírito de autossacrifício não deve envolver o sacrifício dos mais fracos. Não amarra uma bomba em volta de uma mulher com uma criança e a usa como mulher-bomba. Esse espírito nobre não pode envolver o uso de civis como ferramentas de guerra, como se fossem meros portadores de dinamite.

Outro exemplo: Kim Jong-un, presidente da Coreia do Norte, cuja questão ainda não chegou a uma definição[29]. Kim Jong-un insiste que precisa militarizar seu país para defendê-lo de possíveis ataques e de ações maldosas de "invasores diabólicos" como os Estados Unidos, de "governos fantoche" como a Coreia do Sul e de "aduladores dos Estados Unidos" como o Japão. Mas, para averiguar se essa afirmação é correta, basta julgá-la tendo em conta a maneira como ele vive e como permite que viva o povo à sua volta.

Quando a Coreia do Norte sofre sanções econômicas, os primeiros a morrer de fome são os civis. Isso demonstra a ausência de qualquer traço de heroísmo, restando apenas uma ditadura tirânica e um regime totalitário que expurga todo aquele que não a obedeça. Por mais que os assessores próximos do Kim Jong-un tentem criar uma boa imagem dele produzindo filmes para glorificá-lo, até agora não encontrei nele nenhum traço de heroísmo. Deve-se prestar muita atenção a isso. Suponho que Kim Jong-un tenha forte apego à própria vida.

Em suma, o espírito de autossacrifício não deve ser associado a atos terroristas ou de ditadores. E, cla-

---

[29] Na época em que a palestra foi dada, havia tensão no mundo provocada pelo teste nuclear que a Coreia do Norte realizou em 3/9/2017. A comunidade internacional reagiu, inclusive com sanções impostas pela ONU e pelos Estados Unidos. (N. do T.)

ro, não tenho absolutamente nenhuma intenção de considerar como atos de autossacrifício obedecer a ordens de morrer dadas por autocratas ou ditadores.

O espírito de samurai dos soldados japoneses que lutaram na Segunda Guerra Mundial

Após investigações no mundo espiritual sobre os desdobramentos ao final da Segunda Guerra Mundial, descobrimos que a decisão que o Mundo Celestial tomou não foi a de enviar para o Inferno todos os que haviam lutado até a morte para proteger o Japão e suas famílias, entre eles viúvas e crianças.

Quanto a esse assunto, publiquei alguns livros de mensagens espirituais que mostram que a grande maioria dos comandantes de batalhões da defesa japonesa que foi derrotada pelos Estados Unidos na realidade voltou ao Mundo Celestial após a morte[30]. Podemos concluir a partir daí que, aqueles que lutaram com todas as suas forças tiveram em seu coração uma vontade sagrada. Eles acreditaram que cada

---

30 Ver *For the Love of the Country: Untold Story of the Battle of Peleliu: a Memoir of Japanese Colonel Kunio Nakagawa* ("Por Amor ao País: A História Não Contada da Batalha de Peleliu: Memórias do Coronel Japonês Kunio Nakagawa". Tóquio: HS Press, 2015) e *The Battle of Iwo Jima: A Memoir of Japanese General Tadamichi Kuribayashi* ("A Batalha de Iwo Jima: Memórias do General Japonês Tadamichi Kuribayashi". Tóquio: HS Press, 2015).

dia de sua resistência adiaria em um dia a invasão da principal ilha japonesa pelos americanos.

A propósito, com frequência afirma-se que as três invenções mais tolas do ser humano foram as pirâmides egípcias, a Grande Muralha da China, construída pelo primeiro imperador chinês Qin e o encouraçado japonês *Yamato*. Essa história tem sido passada de geração para geração no Ministério das Finanças japonês. *Yamato* foi de fato o maior navio de guerra do mundo, mas não conseguiu demonstrar seu verdadeiro poder de afundar porta-aviões ou navios de guerra inimigos na batalha final da Segunda Guerra Mundial sobre o mar. Acabou sendo destruído depois de ter abatido apenas cerca vinte de aeronaves. Por essa razão, a Agência de Orçamento do Ministério das Finanças ainda deve considerar que ele foi apenas um desperdício de fundos do país, como uma espécie de "hotel flutuante" que acabou reduzido a ferro-velho.

Não obstante, o fato é que o encouraçado partiu de perto da província de Yamaguchi sem um único caça de escolta, a fim de salvar Okinawa. Todos sabiam que essa era uma estratégia insana. Além disso, o *Yamato* dispunha de combustível suficiente apenas para o percurso de ida. Viajavam nele três mil membros da tripulação que decidiram ir até as praias de Okinawa para fazer com que o *Yamato* servisse como uma bateria de canhões para atacar navios de guerra inimigos e proteger o maior número possível de okinawanos. O navio, no entanto, foi atacado por aeronaves inimigas e afundado antes de chegar a Okinawa, quando estava a mais de 200 km de Makurazaki, província de Kagoshima.

Deve ter ocorrido uma mistura de emoções: os três mil membros da tripulação deviam estar cientes de que seriam atacados e afundados. As autoridades militares devem ter expedido a ordem. Países estrangeiros devem ter visto a luta dos soldados japoneses em nome do imperador, o "deus vivo", como consequência brutal de um governo autocrático.

Seja como for, os membros da tripulação tinham o puro desejo de resistir, já que a situação da guerra estava ficando tão ruim que um quarto da população de Okinawa havia sido perdida. Acredito que eram movidos por um nobre *espírito samurai*.

As pessoas podem dizer que o esforço da tripulação foi em vão e que teria sido melhor se ela tivesse sobrevivido. Mas seu espírito de luta serviu como um fator para inibir, em última instância, a entrada das forças militares americanas no continente japonês. Suponho que a feroz luta no front sul e em Okinawa tenha levado os militares americanos a concluir que invadir o continente poderia resultar na perda de pelo menos 1 milhão de seus soldados e, portanto, os fez desistir de colocar esse plano em ação.

11

GRANDES FIGURAS QUE VIVERAM
UMA VIDA DE AUTOSSACRIFÍCIO – 10

O nobre espírito de Oto-Tachibana-Hime e Chiyo Yamanouchi

O nobre espírito de Oto-Tachibana-Hime[31] é incompreensível para as pessoas de hoje, que valorizam mais os direitos que os deveres

Em tempos como os nossos, em que as pessoas reclamam em altos brados seus direitos sem dar tanta atenção aos seus deveres, o espírito de autossacrifício pode parecer algo ruim, completamente tolo ou sem sentido, que não produz resultados tangíveis. Essa é uma maneira natural de ver as coisas ou, se você pensar dessa forma, poderá parecer mais inteligente do ponto de vista do sistema de ensino atual das escolas

---

31 ca. séculos III – IV d.C.

• O ESPÍRITO DE AUTOSSACRIFÍCIO •

pré-vestibulares japonesas, ou do mundo dos jogos, nos quais as pessoas competem para vencer.

Para aqueles com um sistema de valores que sustente, por exemplo, que: "A felicidade se consegue alcançando a vitória, evitando a derrota, obtendo vantagem, alcançando sucesso ou se tornando alguém famoso no mundo", o espírito de autossacrifício pode muito bem parecer antiquado e sem serventia, algo que sob todos os aspectos vai contra os tempos atuais. Mas quero enfatizar que nele reside um *espírito nobre*.

Num dos primeiros livros de mensagens espirituais publicados pela Happy Science, as *Mensagens Espirituais de Oto-Tachibana-Hime*[32], há uma ideia extremamente difícil de compreender para as pessoas de hoje. Oto-Tachibana-Hime acompanhava o marido Yamato-Takeru-no-Mikoto nas campanhas de conquista do país; a certa altura, quando estavam no mar, foram atingidos por uma tempestade perto do que é hoje a península de Bōsō, na província de Chiba. Segundo as crenças da época, isso significava a ira do deus do mar; então, ela se atirou no oceano para acalmar a ira do deus. Conta-se que o mar de fato se acalmou em seguida, permitindo que o marido e o navio cruzassem as águas em segurança, sem naufragar.

---

32 Hoje faz parte de *Okawa Ryuho Reigen Zenshū* ("Coletânea de Mensagens Espirituais de Ryuho Okawa", Vol. 13. Tóquio: Happy Science, 1999).

Hoje, as pessoas não são mais capazes de entender o espírito de sua ação. A ideia de "uma tempestade ser provocada porque o deus das águas estava enfurecido" talvez soe quase supersticiosa, e elas podem ter dificuldade em acreditar que "o mar de fato se acalme se alguém pular na água sacrificando a própria vida".

O matemático e pensador japonês Dr. Kiyoshi Oka também defendia a ideia de que "aqueles que não conseguem compreender o sentido da atitude de Oto-Tachibana-Hime são muito menos evoluídos como seres humanos e se aproximam bastante dos macacos". É essencial ser capaz de compreender a nobreza do ato dessa mulher; por outro lado, na época em que as pessoas conseguiam compreender isso, as mulheres japonesas eram consideradas virtuosas e respeitadas no mundo. O doutor Kiyoshi considerava que "uma mulher se sacrificar pelo marido é um ato nobre".

Chiyo enviou uma carta ao marido Kazutoyo Yamanouchi na qual se lia: "Se me fizerem de refém, vou dar fim à minha vida"

O mesmo traço podia ser visto em Chiyo, esposa de Kazutoyo Yamanouchi, guerreiro e senhor feudal no Japão do século XVI. Em Osaka, quando Mitsunari

Ishida e outros guerreiros decidiram travar batalha contra Ieyasu Tokugawa para governar o país, Ishida pegou como reféns todas as esposas e os filhos dos senhores locais aliados de Tokugawa. Naquela época, Yamanouchi estava lutando na região de Kantō em apoio a Tokugawa; então, Chiyo enviou um mensageiro com uma carta ao marido informando-o da rebelião de Ishida. Ela escreveu algo como: "Talvez eu seja presa como refém. Se for, vou dar fim à minha vida; por isso, por favor, lute pelo senhor Tokugawa sem hesitação". Essa é a história de Kasa-no-Obumi, como a descrevi no meu livro *Yome no Kokoroe: Yamanouchi Kazutoyo no Tsuma ni Manabu*[33].

A maneira de pensar dessa mulher pode muito bem ser difícil de compreender para pessoas como os japoneses, americanos e europeus da nossa era moderna, em que o divórcio é uma coisa tão comum. Mas é melhor saber que esse espírito incorpora uma qualidade altamente nobre.

À propósito, a Happy Science realizou uma pesquisa espiritual e descobriu que Oto-Tachibana-Hime renasceu mais tarde como Nukata-no-Ōkimi, uma princesa e poetisa do século VII no Japão. Uma personagem inspirada nela está em nosso filme

---

33 "Como ser uma esposa prestimosa: Aprendendo com a esposa de Kazutoyo Yamanouchi". Tóquio: IRH Press, 2017.

Alvorecer[34]. Acredito ser necessário, em alguma medida, lembrar e informar as pessoas da nossa era moderna sobre o modo de vida de mulheres que, de forma resoluta, abriram mão de benefícios pessoais e perseveraram em favor de uma causa maior, para realizar um trabalho importante.

---

34 *Saraba seishun, saredo seishun*, produção executiva de Ryuho Okawa, de 2018.

12
O espírito de autossacrifício leva à sua própria evolução

❦

Neste capítulo, quis dar uma visão geral do espírito de autossacrifício usando alguns exemplos específicos. Não falei da religião como um todo, mas, por favor, considere que aqueles que seguem um caminho religioso devem, em algum ponto da vida, afastar-se da ideia de vantagem ou desvantagem; em vez disso, devem dedicar-se em prol dos outros, da sociedade, da nação ou do mundo.

Se ninguém mais conseguisse compreender esse valor, isso significaria que as pessoas estariam encarando este mundo como sendo tudo o que existe. Seria um mundo no qual cada um pensaria apenas no próprio benefício e em seus interesses; um "mundo de animais", sob uma forma diferente. Acredito que a religião é absolutamente necessária para que se possa continuar a ensinar a importância desse espírito. É justamente porque esse espírito se perdeu hoje em dia que as visões que as pessoas têm da história e da sociedade moderna ficaram distorcidas, e nasceu entre os indivíduos a tendência de menosprezar a religião.

No mínimo, quero que os seguidores da Happy Science sejam felizes, mas, por favor, lembre-se também de que um espírito religioso envolve a postura de "se sentir no dever de refrear os desejos pessoais e de retribuir ao mundo por tudo que recebeu". Esse esforço também irá levá-lo à sua evolução. Se você não compreender isso, não conseguirá entender o sentido do Mundo Real, do Mundo Celestial, ou Mundo da Verdade, por mais que eu ensine a respeito. Essa é a minha mensagem deste capítulo.

PALAVRAS QUE VÃO TRANSFORMAR O AMANHÃ 3

Qual é o maior legado?

Kanzō Uchimura[35] escreveu algo como o que se segue, em sua obra-prima *O Maior Legado*:

"Qualquer um pode levar uma vida magnífica
Que sirva por si mesma como exemplo
Para alimentar o coração das pessoas de gerações futuras,
E como um motor para a sua coragem.

Ou seja, mostrar a própria vida
É a coisa mais maravilhosa que qualquer um pode fazer.
A biografia de uma grande figura é assim.

Viver plenamente uma vida magnífica,
Não importando qual seja seu ambiente, suas adversidades ou sua falta de competência,
Não será a postura que comoverá a alma
De pessoas das gerações futuras?

---

35 Kanzō Uchimura (1861-1930) foi uma destacada figura da igreja cristã do Japão. (N. do T.)

Mesmo que você não seja rico
Ou não tenha altos títulos acadêmicos,
Você pode ter esse tipo de vida
Que faz vibrar a alma dos jovens de amanhã.

Não é essa a melhor vida possível?
Portanto, pense em sua vida
Como o maior legado".[25]

Eu concordo com essa maneira de pensar.
Sua prosperidade deve estar no mínimo
De acordo com a Vontade de Deus,
De modo que você consiga relembrar e dizer: "Eu fiz bem"
Depois que abandonar seu corpo físico.

De onde vem essa satisfação?
Isso depende de você conseguir deixar
Tal legado àqueles que estão por vir neste mundo.
Você não acha que o maior ponto a examinar ao final de sua vida
É ver se você foi capaz de deixar um legado do coração
Para as gerações posteriores?

Capítulo Três

O Portal de Bronze

Como uma pessoa de fé deve viver na sociedade moderna global

1
O Portal de Bronze dá acesso ao espaço conectado com o Mundo Espiritual

❦

O Portal de Bronze protege espaços de fé como as igrejas

O título deste capítulo, "o Portal de Bronze", pode parecer incomum, mas seu tema essencial é a *fé*. Talvez a expressão seja familiar a você, já que as grandes igrejas cristãs da Europa têm portões de bronze grandes e muito pesados na entrada, no alto das escadarias.

Se você quiser aumentar o número de seguidores de uma religião, pensará em facilitar a entrada das pessoas. Em termos modernos, as portas seriam feitas de vidro transparente para permitir ver o interior, e automáticas, para facilitar a entrada. No entanto, quando você sobe os degraus até a entrada de uma igreja, com frequência se vê diante de um imenso *portal de bronze*, difícil de abrir. Então, por que usar portões desse tipo?

Ao longo da história, as igrejas muitas vezes tiveram de suportar invasões de governantes locais ou de outros reinos, ou ataques de outros grupos religiosos. Por isso, muitas delas eram como fortalezas, servindo para proteger a vida dos fiéis e cidadãos que procuravam refúgio nelas.

Em tempos de grandes conflitos, como as duas Guerras Mundiais, as igrejas serviram de abrigo durante ataques aéreos. E quando havia muitos feridos, também eram usadas como enfermarias.

Por um lado, os *espaços de fé* como as igrejas devem sempre "estar abertos a um grande número de pessoas". Por outro, devem também ter uma função de fortaleza, isto é, servir como um símbolo de luta ou resistência em tempos de crise, quando há necessidade de proteger os cidadãos contra inimigos ou quando a justiça não está sendo respeitada.

Isso não vale apenas para as igrejas grandes das cidades. No litoral da Itália ou da Grécia, por exemplo, às vezes nos surpreendemos com uma igreja ao final de uma estrada que leva ao topo de uma montanha, em local de difícil acesso em relação à praia.

Às vezes, encontramos igrejas robustas do tipo fortaleza em pontos onde dificilmente imaginaríamos haver uma construção. Costumavam ser erguidas nesses locais já prevendo ataques de homens poderosos ou de exércitos de outras cidades.

Quando essas igrejas fechavam as portas, as pessoas ali dentro podiam se defender usando táticas de sítio. No interior delas havia pátios com poços, onde os ocupantes podiam plantar hortaliças e ter água à sua disposição. Isso permitia continuar resistindo ao inimigo em caso de sítio. Na Grécia, existe até uma igreja provida de um grande depósito de munições. Imagino que, em tempos antigos, muitas dessas igrejas tinham de se defender dos poderes do mundo secular.

Na Europa, perseguiam-se tanto praticantes de magia negra quanto de magia branca

A fé, portanto, veio sendo protegida de todo tipo de dificuldades ao longo do tempo. Isso ocorria não só no ocidente, mas também no Japão. Com certeza havia batalhas entre fiéis religiosos e aqueles que não tinham nenhuma crença. Mas, até entre aqueles que seguiam alguma religião, também havia conflitos devido a divergências em suas crenças.

Na Europa, por exemplo, houve muitos casos de caça a bruxas e bruxos, desde antes do período medieval. Algumas pessoas acreditam que o advento da modernização caminhou lado a lado com o declínio da magia, e talvez isso tenha de fato ocorrido.

Existem dois tipos de magia: a negra e a branca. A Happy Science uma vez descreveu a diferença entre elas numa peça de nosso grupo de teatro[36]. A magia negra recorre a maldições para provocar danos ou matar pessoas, enquanto a magia branca se baseia no desejo de tornar as outras pessoas felizes. Antigamente, muitos dos praticantes de ambos os tipos não se submetiam com facilidade à autoridade real. Acreditavam que detinham uma parte do poder de Deus, o que lhes permitia exercer sua magia. Como resultado, independentemente do tipo de magia, muitos deles foram perseguidos, queimados na fogueira ou decapitados por não obedecerem às autoridades deste mundo.

Isso é compreensível com relação à magia negra, pois ela contém aspectos difíceis de serem aceitos do ponto de vista religioso. No entanto, no caso de pessoas que se esforçavam para trazer felicidade aos outros por meio da magia branca, imagino que foram perseguidas porque a maioria não tinha a menor intenção de interromper o que estava fazendo, mesmo que alguém dissesse: "Vamos proibir a magia, pois ela é uma heresia. Se vocês não deixarem de praticá-la, serão executados na fogueira".

---

36 O grupo de teatro da Happy Science, chamado Shinsei ("Nova Estrela"), planejado e produzido pela New Star Production, uma agência de entretenimento do Grupo Happy Science, apresentou sua segunda peça, *Boku wa Mahou ga Tsukaenai?* ("Não posso usar a Magia?"), de 22 de fevereiro a 4 de março de 2018 em Tóquio, no Japão. (N. do A.)

• O Portal de Bronze •

A magia branca ajudava as pessoas, mas a negra provavelmente também passou por épocas em que se fazia necessária; por exemplo, durante guerras entre reinos ou em conflitos internos, quando os homens tinham de lutar contra forças militares ao serem atacados com armas de fogo.

De qualquer modo, suponho que as pessoas que conheciam a Verdade dificilmente conseguiriam negar suas convicções, mesmo que viesse de uma ordem do rei, por mais poderoso que ele fosse.

Claro, não se pode taxar as práticas do passado como sendo todas boas ou todas ruins. Mas a fé deve ser considerada levando-se em conta todas essas circunstâncias.

Para se tornar uma pessoa com fé é preciso ter determinação e coragem e se isolar deste mundo

Dei o exemplo das igrejas, mas na Happy Science também há um Portal de Bronze na entrada do templo do mestre, chamado *Taigokan*[37]. Ele nunca foi aberto desde que o templo foi construído. Embora a Happy Science seja uma religião que abre suas portas ao mundo, a estrutura do templo do mestre expressa

---

[37] Em tradução livre, *Taigokan* significa "Santuário Sagrado da Grande Iluminação". (N. do T.)

nossa resolução de "evitar a todo custo que qualquer influência secular interfira na essência da nossa fé".

Esse é de fato um aspecto da fé. Você precisa atravessar um portal para se tornar uma pessoa com fé, mas pode achar difícil cruzá-lo se recebeu apenas uma educação normal e foi criado de uma maneira terrena. Nesse sentido, "escalar os degraus de pedra e abrir as pesadas portas para entrar" requer uma grande dose de *coragem* e *determinação* para aqueles que têm levado a vida cotidiana e recebido uma educação dentro do mundo comum, secular.

Depois de cruzar as pesadas portas, chega-se a um local completamente diferente, e você não consegue entrar nesse *espaço de fé* se não usar todas as suas forças para atravessar o portão estreito. É preciso que você tenha determinação e coragem e *se isole deste mundo*.

Os espaços de fé devem, em última instância, estar conectados com o Mais Alto Deus do Mundo Celestial

Recentemente, a palavra "ordenação" tem sido usada com frequência no Japão. A verdade é que o espaço de fé deve estar num plano diferente do espaço do mundo secular, profano. Embora isso possa não ser percebido pelos indivíduos comuns, há aspectos do espaço de fé que diferem muito do *espaço do mundo secular*.

Em termos deste planeta, locais religiosos como igrejas, santuários ou templos budistas são apenas tipos específicos de edifícios: construções religiosas com suas formas características. Em certo sentido, funcionam somente como abrigos que protegem as pessoas das intempéries. Porém, a verdade é que o espaço interno dessas instalações está conectado ao Mundo Celestial.

Algumas religiões que louvam seu deus específico podem assumir a forma de uma crença popular, enquanto outras preservam apenas uma seita da crença popular. Mas, seja como for, todas em última instância devem se conectar com o Mais Alto Deus do Mundo Celestial.

O aprimoramento espiritual refina o espaço, tornando-o especial: um meio para se comunicar com Deus

Um exemplo da conexão com o outro mundo são os túmulos, onde as pessoas falecidas são enterradas; eles podem ser apenas "pequenas construções de pedra", mas servem como uma antena ligada ao Mundo Espiritual, quer as pessoas que visitam os cemitérios tenham consciência ou não desse fato. No Japão, dizem que os túmulos foram construídos para que, quando oferecêssemos flores e varinhas de incenso e orássemos num túmulo, essas orações alcançariam os familiares falecidos, estivessem eles no Céu ou no Inferno.

Do mesmo modo, santuários, templos budistas, igrejas e edificações de outras religiões são também "espaços especiais que servem como meio de comunicação com Deus, que está no Mundo Real existente além deste nosso mundo". É esse também o caso do edifício da matriz da Happy Science. Embora ele seja cercado por vários outros prédios, assim que você entra na matriz, ingressa num "local conectado com espaços de outras dimensões". Portanto, entre rezar na rua e rezar dentro de um desses espaços especiais há uma diferença enorme de sentido.

Dentro das instalações, os ascetas da religião passam por um treinamento espiritual, estudam a Verdade e continuam seu trabalho para a religião todos os dias. Com isso, estão lapidando o espaço diariamente, a fim de conectá-lo com os reinos superiores do Mundo Celestial. "Lapidar um espaço" pode soar estranho, mas significa que, enquanto se trabalha neste espaço, ele está sendo purificado espiritualmente e formando uma *torre de fé* que se ergue em direção ao núcleo central do Mundo Celestial.

Trata-se de um espaço especial. Já dei centenas de palestras no espaço da Matriz. Portanto, ele nunca deve estar impuro. Às vezes, realizo palestras em auditórios externos que são voltadas ao público em geral, e me preparo da maneira apropriada. Nesses locais, preciso exercitar um poder mental mais intenso do que aquele que em geral uso nas instalações da Happy Science, pois há muitas energias negativas de vibrações terrenas e de diferentes tipos de opiniões contrárias ou maneiras de pensar que tentam interferir; então, preciso me transformar numa *torrente de luz* que varre todas essas influências. Obviamente, isso requer uma grande força.

Na verdade, a entidade chamada de *Deus* ou *Buda* e os altos espíritos divinos que ficam próximos dessa existência deveriam descer apenas em locais onde há uma reunião de fiéis. Por isso, a construção de santuários, templos budistas e igrejas faz muito sentido; acredita-se que "a luz desce nesses locais e que os seres espirituais que são louvados ali tornam-se presentes".

Claro, em cada um desses locais são realizados diversos tipos de trabalhos no cotidiano. Mas, quando os fiéis rezam ou praticam preces rituais dentro de espaços de fé adequados, o fluxo espiritual do Mundo Celestial desce impetuosamente, da mesma forma que uma corrente elétrica é conduzida ou como um relâmpago disparado pelas nuvens atinge um para-raios. Por isso, é extremamente importante proteger com muito cuidado e refinar os espaços de fé.

2
Os humanos têm instinto para a fé

Viva de maneira mais simples, honesta e transparente

Mesmo que as pessoas tenham fé, nem sempre levam sua vida cotidiana de modo a refletir essa fé, seja em casa, na escola ou no trabalho, pois estão embrenhadas no mundo profano. Desse modo, essa fé acaba sendo posta de lado, e fica escondida ou adormecida.

É compreensível, pois pode ser difícil viver neste mundo se você expõe demasiadamente sua fé. Por exemplo, muitas vezes é complicado conviver com os outros se você mostra demais seu lado religioso numa escola pública, numa loja de departamentos ou em qualquer outro lugar. Por isso, muitas pessoas vivem de uma forma profana usando a "sabedoria para ajustar a intensidade de expressão de sua fé". Esse esforço em geral é considerado uma demonstração de "sabedoria".

Sem dúvida, pode ser muito difícil levar a vida no espaço de fé e no espaço profano ao mesmo tempo se você não possui esse tipo de sabedoria. Mas ela não conseguirá mais protegê-lo totalmente quando você alcançar o estágio final da fé. Para acumular experiências de fé em sua forma verdadeiramente final, você precisa abandonar de vez essa "máscara de sabedoria".

O que quero dizer é que os fiéis devem procurar viver de uma maneira cada vez mais simples, mais honesta e mais transparente. É importante viver sem esconder sua fé e de forma que a pessoa não se sinta envergonhada.

Isso depende também do quanto sua forma de fé é aceita pela sociedade como uma *religião* estabelecida. Se o seu grupo religioso é muito pequeno e recebe críticas severas da sociedade, talvez você se sinta inclinado a esconder sua fé, da mesma forma como viviam os cristãos ocultos.

Se o grupo religioso crescer e alcançar certo porte, a presença dele tenderá a ser reconhecida pela sociedade. É claro, mesmo que ele obtenha essa aceitação, surgirão outras questões – por exemplo, como se relacionar com diferentes grupos religiosos. Eles podem tanto aceitar um ao outro como se rejeitar. Historicamente, ocorreram muitos problemas nesse aspecto. Seja como for, depois que um grupo alcança certa dimensão, geralmente é aceito pelo mundo profano.

Quando os outros têm uma fé diferente da sua

Também há casos em que o porte de uma religião cresce a ponto de sua fé se tornar a base de um país inteiro, que não é mais capaz de ser conduzido sem ela. Tais nações são extremamente fortes. No entanto, em países onde as religiões ainda não se difundiram podem ocorrer atritos de diversos tipos, e algumas pessoas chegam a ter até seus direitos violados pelo simples fato de alimentarem uma fé. Quando se trata das linhas de frente do trabalho missionário, a luta pela fé se dá dia e noite.

Outro estranhamento pode surgir quando pessoas de certa crença veem seguidores de uma religião diferente e sentem que, embora compartilhem com eles o fato de terem fé, elas não concordam com determinadas atitudes deles.

Imagine uma cena de alguém que embarca no avião de uma companhia aérea de um país islâmico. Se, do ponto de vista mecânico, o avião tiver sido fabricado de maneira adequada para que possa voar com segurança e sua operação seja realizada como se espera, então obviamente não haverá problema em viajar nele. Você pode também esperar um serviço de bordo de alto nível da tripulação de voo.

No entanto, se todos eles, inclusive o piloto, de vez em quando deixarem de lado o que estiverem fazendo para voltar-se para Meca, se ajoelhar e orar, os passageiros ficarão preocupados, achando que o avião poderá despencar, e vão concluir que é preciso haver pelo menos um piloto não muçulmano a bordo para não passarem por essa situação apreensiva. Deve ser muito assustador saber que o avião está voando sem ninguém na cabine durante aqueles minutos da oração.

Ao citar esse exemplo, não estou fazendo nenhum julgamento a respeito dessa prática, se ela está certa ou errada; alguns podem acreditar que o avião voe de acordo com a vontade de Alá. Mas o que quero ressaltar é que pessoas de nacionalidades e fés diferentes podem não se sentir confortáveis umas com as outras.

Muitas pessoas com empregos que envolvem risco de vida têm alguma fé

Há também casos contrários ao exemplo que acabamos de ver. No Japão existem companhias aéreas como a JAL (Japan Airlines) e a ANA (All Nippon Airways). Quando embarquei numa delas em 1990, ano anterior ao que a Happy Science foi oficialmente certificada como entidade religiosa, voei até Kyūshū para dar uma palestra e voltei em seguida por causa da minha agenda lotada.

Daquela vez, uma comissária de bordo contou-me que ela e suas colegas haviam comentado antes da decolagem: "O mestre Ryuho Okawa, da Happy Science, está no nosso voo hoje, portanto este avião não vai cair". Ao que parece, não eram apenas as comissárias que estavam comentando isso; tanto o capitão quanto o copiloto também disseram: "Estaremos todos seguros hoje". Isso mostra o quanto já era considerável nossa influência sobre as pessoas mesmo antes que a Happy Science fosse oficialmente certificada como entidade religiosa.

Ouvi dizer que muitos indivíduos que trabalham em atividades que envolvem risco de vida têm alguma fé ou fazem parte de algum grupo religioso. É claro, nem todos aqueles que seguem uma crença são fiéis da Happy Science; há numerosos adeptos de outros grupos religiosos. Não sei qual era a crença dos tripulantes, mas, para a minha surpresa, diziam que naquele dia estavam seguros com a minha presença.

Seja como for, já naquela época havia pelo menos uma pessoa da Happy Science em cada tripulação, fosse o capitão ou um comissário de bordo. Como são trabalhadores voltados para o bem-estar dos passageiros, esforçavam-se para me ajudar a relaxar e para me servir durante o voo, como faziam com todos os demais passageiros. Porém, pouco antes de eu sair do avião, vinham me dizer: "Na realidade, faço parte da Happy Science" e eu me sentia pego de surpresa. Por exemplo, uma vez, quando uma comissária de bordo comentou: "O senhor parecia adorável enquanto dormia", eu pensei, "Acho que cometi um deslize. Se eu soubesse que alguém da tripulação era membro da Happy Science, teria me mostrado como alguém ocupado, estudando algum assunto importante durante o voo. Mas, então, fui pego dormindo o trajeto inteiro...".

Os humanos acreditam por instinto

Certas pessoas acreditam que, na Happy Science, algum tipo de poder provavelmente será exercido para protegê-las em caso de necessidade, mesmo que sejam membros da nossa instituição apenas por terem o seu nome registrado ou que não pertençam à nossa organização.

Isso vale para o Japão e também para outros países. Quando eu viajava para alguns deles, quaisquer que fossem, as pessoas pareciam saber a nosso respeito. Portanto, tenha certeza de que a Happy Science é conhecida em vários lugares e que exercemos uma influência invisível.

Quando se trata de religião, as pessoas não costumam falar abertamente sobre o assunto e muitas vezes ficam indiferentes. Mas grande parte delas sentem ou acreditam em algum tipo de poder do outro mundo. Por mais que neguem a espiritualidade ou tentem não pensar nisso, elas creem instintivamente em alguma coisa. De fato, a fé é algo instintivo, pois todos nós já reencarnamos diversas vezes e tivemos contato com a fé em algumas encarnações.

Muitas pessoas não aprenderam nada a respeito da fé em sua educação nesta vida; por isso, afirmam racionalmente que não acreditam em aspectos espirituais. Mas, no fundo, pode ser que acreditem devido ao encontro com a fé em vidas passadas.

A vinda ao mundo terreno nesta encarnação é uma grande oportunidade para cada um. Portanto, espero que mesmo esses indivíduos sem crença tentem empurrar e abrir o Portal de Bronze. Ele pode ser pesado e difícil de abrir, mas espero que todos consigam fazer isso e adentrem o espaço além do portal.

3
A verdadeira fé transcende identidades nacionais e étnicas

Esforce-se e seja devotado para proteger sua fé

Uma vez que você adote uma fé, protegê-la é outra questão muito importante. Você precisa de coragem ou força para se juntar à Happy Science; alguns enfrentam objeções de pessoas próximas. No entanto, depois que você escolhe acreditar, esforce-se e seja devotado para proteger sua fé. Mesmo quando estiver diante de tentações ou desafios, não deixe que se tornem uma desculpa barata para virar as costas à sua fé. Saiba que "essas tentações e desafios também fazem parte do treinamento da sua alma".

A certa altura, sua fé deve transcender o *amor passional*. No passado, eu já disse que a fé era semelhante ao namoro, e não deixa de ser verdade. No entanto, você não terá *fé verdadeira* se não transcender o amor passional. O *amor a Deus* deve ser maior que tudo. Embora existam vários tipos de amor, inclusive o amor entre um homem e uma mulher, o amor à família e o amor à comunidade, a fé deve transcender todos esses tipos.

A fé em uma verdadeira religião transcende até o amor à pátria

Algumas pessoas poderiam, então, me perguntar: "E o amor à pátria?". Pois a postura de "se devotar e ser leal ao seu povo ou ao seu país" é algo natural, e "respeitar suas regras" é uma sabedoria óbvia para se viver bem. Também é natural que uma nação ou comunidade étnica dê apoio e proteção aos indivíduos que pertencem a ela. No entanto, você deve chegar ao ponto de transcender a noção de nação se estiver à procura da verdadeira essência da fé.

Na realidade, no passado o marxismo buscava transcender as nações e se tornar um movimento internacional, capaz de unir o mundo inteiro. Até mesmo o marxismo, que era a antítese da fé, incentivava as pessoas a transcender a noção de país e de etnia a se unir para promover uma revolução global.

Assim, uma verdadeira religião também deve ser maior do que grupos como empresas, etnias ou nações. É desnecessário dizer que isso não deve ser usado para justificar conflitos ou guerras; não devemos ser tão simplórios. Mesmo assim, na sua mente você deve ir além das noções de empresas, etnias e países. Desse modo, se os membros da Happy Science no Japão se limitarem ao âmbito da visão religiosa japonesa só pelo fato de serem japoneses, infelizmente não seremos capazes de influenciar o mundo todo.

Outro exemplo disso são os muçulmanos. Eles são instruídos a acreditar em um único Deus, e este Deus é Alá. Dependendo do país, se eles mudarem de fé religiosa poderão ser sentenciados à morte. Abandonar a fé islâmica chega a ser um pecado punido com tal severidade. A propósito, também há muçulmanos dentre os membros da Happy Science.

No entanto, vamos pensar mais a fundo. Alá pregou ensinamentos há 1.400 anos, registrados no Alcorão, para guiar as pessoas no Oriente Médio. Se esses ensinamentos não podem ser alterados até a nossa era moderna, significa que Alá teria ficado de braços cruzados durante esses 1.400 anos e desistido de tentar salvar a humanidade. Isso é inimaginável.

Os deuses étnicos e o Deus das religiões monoteístas têm abrangência limitada

Em se tratando de crenças de influência restrita, existe um grande número de "deuses pequenos", com "d" minúsculo, também no âmbito da cultura ocidental. É plausível que existam deuses nesse nível, que são os chamados deuses étnicos ou abaixo dos étnicos. Por outro lado, o Deus com "D" maiúsculo é, sem dúvida, singular. Não fica claro, porém, se esse "Deus" é o Deus cristão, o Deus muçulmano, o Deus da antiga Grécia, o Deus egípcio ou o Deus israelita. A palavra "Deus", portanto, pode ter diferentes acepções, mas, quando aplicada especificamente a uma nação ou etnia, mesmo o Deus único costuma ser interpretado de maneira muito restritiva.

Vamos pegar, por exemplo, o Deus de Israel. Existem provavelmente cerca de 8 milhões de pessoas vivendo em Israel hoje em dia, e talvez uns 15 milhões de judeus no mundo todo. Se o Deus no qual os israelitas acreditam fosse o Criador e o único Deus verdadeiro, Ele não iria guiar e proteger apenas esses 15 milhões de judeus, e estenderia Sua força e Seus ensinamentos igualmente a outros povos. Mas, se os judeus afirmam que seu Deus não atua desse jeito, então Ele definitivamente está guiando outras etnias assumindo formas diferentes.

Vejamos outros domínios de abrangência limitada. Dizem que o número de cristãos superou a marca de 2 bilhões e hoje está por volta dos 2,2 bilhões. O islamismo está alcançando o cristianismo rapidamente, e hoje deve ter 1,6 bilhão de seguidores ao redor do mundo. Essas duas religiões estão numa competição acirrada em termos do aumento do número de fiéis, mas ainda não são capazes de cobrir toda a Terra. Por outro lado, a China, oficialmente um país ateu, conta com uma população de 1,4 bilhão de pessoas.

A Índia, com uma população de mais de 1,3 bilhão de pessoas, tem muitos deuses e é tida como uma nação politeísta. Contudo, para os indianos, o deus Vishnu poderia ser considerado Deus. Assim como *Kannon*[38], dizem que Vishnu tem dez faces ou avatares, e que uma delas é Sidarta Gautama, o Buda. Não se sabe quanta verdade há nessa visão, mas podemos entender o que eles estão tentando dizer. Em suma, o povo da Índia pressupõe que um aspecto do Deus Supremo da Índia manifestou Sua forma na Terra como Sidarta Gautama há cerca de 2.500 anos.

A Happy Science é um budismo mais novo que o neobudismo

Na Índia, o budismo foi uma vez destruído pelos muçulmanos, por isso não há muitos budistas no país hoje. Um novo budismo teve início após a Segunda Guerra Mundial, mas este é sobretudo um movimento dos chamados "fora de castas", voltado para

---

[38] *Kannon* ou *Kanzeon* (em tradução livre, "aquela que ouve as vozes do mundo") são consideradas as "deusas da misericórdia" que trabalham para salvar os mais necessitados. (N. do T.)

aniquilar o sistema de castas, e os grupos budistas tradicionais parecem se manter afastados deles. No neobudismo, ensinado por Ambedkar[39], ergueram uma estátua de bronze do próprio Ambedkar, talvez no lugar da típica estátua de Buda; porém, é como se Buda estivesse de paletó e gravata, o que me causa certa estranheza. Aliás, uma das estátuas na Happy Science também segue a mesma linha, simulando a minha pessoa de terno e gravata, então eles podem dizer o mesmo sobre nós.

No caso da Happy Science, por sorte tive a oportunidade de dar uma palestra ao ar livre para mais de quarenta mil pessoas[40] perto do Templo Mahabodhi, que dizem ser o maior templo budista da Índia, o mais tradicional e o mais antigo, localizado em Bodh Gaya. Na época, os monges de mais alto escalão daquele templo ocuparam as primeiras fileiras, com suas tradicionais vestes budistas. Foi nessas circunstâncias que dei a palestra.

---

39 Bhimrao Ramji Ambedkar (1891-1956) foi um político e reformador social indiano. Depois de se formar por uma universidade de Bombaim (atual Mumbai), fez intercâmbio nos Estados Unidos e no Reino Unido. Mais tarde, dedicou-se ao movimento de libertação em favor dos dalits, que sofriam perseguições devido ao sistema de castas. Dois meses antes de sua morte, converteu-se ao budismo junto a centenas de milhares de dalits, dando início ao movimento neobudista. Foi presidente da comissão que elaborou a Constituição da Índia independente. (N. do A.)

40 Palestra intitulada *The Real Buddha and New Hope* ("O Buda real e a nova esperança"), em 6 de março de 2011, em Bodh Gaya, Índia.

Até então, o maior encontro ocorrido ali havia sido quando o Dalai Lama, que procurara asilo vindo do Tibete, deu uma palestra para 25 mil pessoas. Para a minha palestra, montamos uma estrutura em forma de tenda com grandes lonas e vieram mais de quarenta mil pessoas. Como se não bastasse, continuava chegando gente sem parar mesmo durante a palestra, mas que não conseguiu entrar. Houve até algumas pessoas que tentaram entrar por baixo da tenda.

Assim, fiz uma palestra para o maior público que já se reunira naquele local, perto de um dos maiores templos do budismo tradicional da Índia, que se orgulha de abrigar uma imensa árvore de terceira ou quarta geração da linhagem do pé de pipal sob a qual Buda alcançou a iluminação. Eu também soube que várias pessoas haviam andado quilômetros descalças para poderem ouvir minha palestra.

Como acabei de mencionar, na Índia existe um movimento neobudista que pretende eliminar a discriminação moderna, cujo líder usava terno e gravata, assim como eu. No entanto, um budismo mais novo do que o neobudismo é a Happy Science, à qual um grande número de monges budistas tradicionais jurou devoção. Em outras palavras, há muitas pessoas que se devotam à Happy Science mesmo fazendo parte de um templo budista tradicional.

A definição de *Mais Alto Deus* deve ir além da etnia e do contexto de uma nação

Além dos budistas, há membros da Happy Science que são muçulmanos, cristãos e seguidores de outras doutrinas. Cada uma dessas religiões tem um ser proclamado o Mais Alto Deus, mas a verdade é que se trata de um deus geralmente ligado à sua etnia e ao contexto de sua nação. Portanto, quem está na Happy Science deve, em última instância, transcender esses limites.

O judaísmo, que já mencionei, também está restrito a tradições culturais. Ele chegou a exercer influência sobre muitas religiões; porém, se o Deus do judaísmo for definido como "o Deus que ama apenas o povo judaico", então não poderia ser Ele o Criador, o Deus Único ou o Pai de toda a humanidade.

Os "ensinamentos do Mais Alto Deus" logicamente percorrem os preceitos do judaísmo. Dentre estes, pode-se considerar que "vêm do Deus Único aqueles que são universais, transcendendo laços étnicos". Os ensinamentos de Deus também fluem por religiões como o hinduísmo ou o antigo taoismo chinês.

Por outro lado, a visão que os japoneses têm sobre religião é bastante superficial. As religiões xintoístas dão grande importância às formalidades e fazem afirmações como: "Qualquer um pode se tornar um fiel simplesmente ao passar pelo portal torii", "O centro do largo caminho até o santuário é passagem exclusiva de Deus" ou "Bata palmas duas vezes e faça uma reverência antes de rezar". Contudo, seus ensinamentos infelizmente não são muito claros; os xintoístas até preenchem as lacunas com ensinamentos budistas.

Além disso, mesmo na corrente budista, algumas seitas se tornaram filosóficas demais e perderam de vista os verdadeiros ensinamentos de Deus. Elas não são mais capazes de compreender o verdadeiro sentido da frase que Buda, tendo nascido na Terra, proferiu: "No Céu e na Terra, apenas eu devo ser reverenciado" – querendo dizer com isso que não havia um ser mais elevado do que ele, abaixo ou acima do Céu –, nem por que ele teria dito isso apesar de ter vivido como ser humano por mais de oitenta anos.

Alguns estudiosos – e mesmo certos monges de templos budistas – encaram a filosofia como algo que pode ser construído por um ser humano e tendem a interpretar o budismo como um tipo de estudo da vida e uma filosofia tingida de materialismo e, portanto, algo criado pelo ser humano que é diferente de religião.

No entanto, se isso fosse verdade, não haveria sentido em realizar rituais funerários nos templos budistas ou em cuidar dos cemitérios. Se tudo realmente terminasse com a morte, não haveria necessidade de manter terrenos para cemitérios. Não seria preciso, por exemplo, manter tantos túmulos numa área tão cara no centro de Tóquio, como o Cemitério Aoyama. O valor patrimonial desses espaços seria muito mais alto se todos aqueles túmulos fossem demolidos e se construíssem edifícios. Mesmo assim, esses locais são preservados porque no fundo as pessoas acreditam na vida após a morte.

4
O equilíbrio entre a fé e as profissões na sociedade moderna

A Happy Science é uma nova religião que supera as fragilidades das religiões tradicionais

Olhando desse modo para as diferentes religiões, percebemos que cada uma delas tem pontos fortes e fracos, e que nenhuma é perfeita. Mas acredito que seja sensato pensar: "Quanto mais recentemente surge uma religião, maior potencial ela tem de superar as deficiências daquelas que vieram antes e de apresentar algo num nível mais abrangente e elevado".

A Happy Science teve início com a minha Grande Iluminação em 1981; foi fundada como uma religião em 1986 e registrada oficialmente como organização religiosa em 1991. Ela é a religião mais nova de seu porte a ter sido certificada. Apesar disso, não há dúvida de que já se tornou uma grande religião entre as religiões japonesas.

Infelizmente, não se veem outros grupos religiosos que sejam tão ativos quanto a Happy Science; observe as nossas atividades e você mesmo confirmará que isso é evidente. Alguns grupos se esforçam para nos imitar publicando livros ou fazendo filmes ou animações; estão experimentando várias ideias, na esperança de se expandir seguindo o modelo das atividades da Happy Science. Nós, ao contrário, não temos atualmente nenhum modelo a seguir. Portanto, a Happy Science deve continuar abrindo caminho por si mesma e pavimentando-o, para que aqueles que vierem depois possam seguir nossos passos.

A prática da fé para líderes de negócios

Como vimos, depois que você empurrar o Portal de Bronze e entrar no espaço de fé, passará por diversas experiências nas décadas de vida que tem pela frente; talvez receba críticas, passe por sofrimentos ou encare situações no trabalho em que fique em desvantagem, justamente por ter fé.

Por exemplo, como a principal corrente dos estudos acadêmicos hoje baseia-se no materialismo, os professores que abordam os temas de estudo a partir de uma posição materialista podem não ver nada de bom nas crenças de um estudante da Happy Science. O aluno pode acabar tendo notas ruins.

O mesmo vale para nossos fiéis que trabalham em companhias. Se não tiverem cuidado, podem ser considerados inadequados como líderes que atuam no âmbito de toda a empresa ou como parte da elite empresarial, simplesmente pelo fato de se orientarem pela fé. Nosso filme *Alvorecer*[41] aborda essa questão: se é possível conciliar o fato de ter fé e ser parte da elite que dirige uma companhia.

Claro, as empresas japonesas não veem problemas no fato de seus funcionários seguirem uma ou outra religião, pois a liberdade de religião é garantida. No entanto, quando alguém que vive segundo os princípios da fé se torna um alto funcionário, em posição de supervisionar muitos subordinados, como diretor, executivo ou presidente, expedindo orientações e ordens que abrangem a companhia toda, o caráter da empresa pode mudar completamente.

Se um muçulmano virar presidente da companhia, por exemplo, é possível que toda ela ganhe um viés islâmico. Um cristão pode assumir esse posto, já que o cristianismo é uma boa religião que resistiu ao teste do tempo; porém, se a pessoa declarar: "Eu sou cristão; então, todos os funcionários também

---

41 Produção executiva de Ryuho Okawa, lançado em 2018.

devem se converter ao cristianismo", provavelmente enfrentará resistências, exceto daqueles que já sejam cristãos. Encontrar a dose certa entre fé e trabalho é realmente um desafio.

Profissões públicas e a prática da fé

Há casos de cristãos que se tornam juízes da suprema corte. Eles são selecionados por serem vistos como pessoas capazes de julgar objetivamente, apoiados nas leis nacionais e em precedentes relevantes, não importando quais sejam suas crenças religiosas. Como cristãos, alguns deles podem ser contra a pena de morte, por exemplo, mas como juízes de uma suprema corte, às vezes precisarão aplicar sentenças duras. Se o motorista de um caminhão basculante atropelou e matou de propósito várias crianças em idade pré-escolar a caminho da escola, essa é uma ação imperdoável e, mesmo sendo cristão, o juiz encarregado do caso deve sentenciar o réu com uma punição severa.

Qualquer tipo de carreira pode gerar situações de conflito interno. Quanto maior seu status pessoal, maior será sua influência, e você poderá ser criticado por várias pessoas. Como resultado, talvez se veja obrigado a enfrentar muitos dilemas entre *sua consciência* e as *expectativas da sociedade*. Essa é uma questão extremamente complexa.

O jornalismo é um bom exemplo de profissão com uma influência enorme na sociedade moderna. Emissoras de televisão, grandes jornais, empresas de publicidade e editoras de revistas têm uma poderosa influência sobre a opinião pública. No Japão, mesmo quem exerce a profissão numa grande emissora[42] tem liberdade de escolha religiosa pela Constituição do país. Não há absolutamente nenhum problema em trabalhar no jornal *Asahi*[43] e ser membro da Happy Science. O fato de a pessoa fazer parte de um grupo religioso específico não pode ser razão para demiti-la do emprego.

A propósito, há rumores de que um dos editores que escreve regularmente artigos para o *Asahi* é membro da Happy Science. Não deve ser fácil anunciar isso abertamente, mas, quando chega sua vez de publicar a coluna, o conteúdo dela muitas vezes adquire um tom muito similar ao da Happy Science. Também há membros da Happy Science em outras empresas jornalísticas, como Yomiuri, Mainichi e Sankei, e em algumas emissoras de tevê.

---

42 No Japão, por causa do preconceito, até agora havia uma tendência de a grande mídia não abordar assuntos que envolvessem a religião, a não ser que ocorressem incidentes. Essa postura tem mudado, e há até algumas emissoras regionais que transmitem as palestras do autor. (N. do T.)

43 O jornal *Asahi* é destacado aqui por ser bastante tendencioso ao transmitir suas matérias, chegando até mesmo a se basear em fatos infundados (N. do T.)

Como trabalhadores de uma companhia específica, tais profissionais têm de seguir a política da empresa e, portanto, só podem emitir suas opiniões nos moldes definidos por ela. Provavelmente, vivem conflitos internos e precisam proceder com sabedoria e jogo de cintura. Necessitam fazer concessões a fim de proteger sua família e seu sustento.

No entanto, não é desejável que vivam nesse estado o resto da vida. Algumas pessoas só conseguem expressar sua fé total quando estão dentro de um ambiente religioso, como uma igreja, um santuário xintoísta ou um templo budista. Mas, assim que saem de lá mudam de "cor", como um camaleão, para se ajustar à sociedade. Embora essa atitude seja necessária, precisam ganhar aos poucos maior confiança em sua fé, e se tornarem conscientes de si como seres humanos. Também é importante que sejam aceitas plenamente em diversas profissões, mesmo como "pessoas com uma fé".

Podem ocorrer problemas quando se aplicam os princípios da fé até aos mínimos detalhes

Algumas atividades podem se mostrar inviáveis se aplicamos os princípios da fé aos mínimos detalhes. Por exemplo, durante a fase chamada de "Primeiro Budismo", quando Buda ainda estava vivo, ele ensinava: "Você não deve tirar a vida de humanos e de outros seres vivos". Mas, se esse pensamento fosse sempre seguido, os pescadores e os caçadores seriam na realidade considerados impuros e, portanto, essas profissões não poderiam ser exercidas.

Já no cristianismo, Jesus reuniu pescadores do Mar da Galileia e saiu com eles para pregar, transformando-os em discípulos de alto nível. Acolher em seu grupo de Doze Apóstolos pessoas que haviam matado muitos peixes mostra que ele não encarava do mesmo modo o ato de tirar a vida de outro ser.

Uma diferença também pode ser vista no consumo de álcool. O budismo incluiu a "proibição do consumo de álcool" em seus Cinco Preceitos. No cristianismo, o vinho faz parte do ritual religioso, talvez por Jesus gostar de tomar vinho. Ele se referiu à bebida como seu sangue, estimulando seus discípulos a beber dele e comer sua carne. Isso mais tarde foi estabelecido como cerimônia religiosa, na qual se bebe o vinho e se come o pão na forma da hóstia. Essas diferenças nas religiões provavelmente refletem a personalidade de seus fundadores.

Por isso, quando encontramos diferenças entre as religiões mundiais, precisamos considerar certa margem de tolerância; devemos levar em conta que houve influência do caráter dos fundadores.

O jainismo foi muito radical em suas práticas

Quando uma prática religiosa se torna radical demais, passa a ser difícil adotá-la. Por exemplo, um dos grupos religiosos que rivalizava com o budismo na época de Buda era o jainismo. Mahavira, que viveu nessa época e pode ser considerado responsável por reviver o jainismo, foi o 24º líder dessa religião. Supondo que cada geração corresponda a uns trinta anos, o jainismo era uma velha religião, que já existia centenas de anos antes do budismo.

O budismo costuma ensinar a dar muito valor à vida, mas o jainismo é mais rigoroso quando se trata de não matar. Seguindo o preceito de "não tirar a vida de nenhuma criatura", alguns adeptos dessa religião usavam máscaras para evitar inalar sem querer algum organismo vivo. Outros andavam com uma pequena vassoura, para limpar seu caminho e evitar pisar em insetos, como uma formiga, por exemplo. O jainismo dá uma importância ainda maior a não matar, e o budismo talvez tenha sido um pouco influenciado por essa tradição.

Quando fui à Índia, muito tempo atrás, havia tantos mosquitos no hotel que precisei pedir que fosse tomada alguma providência a respeito. A reserva do hotel em Bodh Gaya tinha sido feita por uma agência de viagens; o quarto reservado era considerado o melhor, no melhor hotel da região. Mesmo assim, dezenas de mosquitos voavam pelo recinto. Para piorar, os mosquitos na Índia não são frágeis como os do Japão; são tão robustos que davam a impressão de conseguirem até furar os costados de cavalos e vacas. Eram capazes de atravessar a pele dos indianos, que imagino ter grande resistência a ponto de os mosquitos japoneses não conseguirem perfurá-la.

Portanto, precisei reduzir de algum modo o número de mosquitos, para conseguir dormir. Como se cantasse o mantra "Namu Amida Butsu", pedi perdão a Buda por ter de cometer um pecado contra o preceito tradicional de não tirar a vida de nenhuma criatura. Os motoristas e guias locais estavam dormindo nos próprios carros para economizar a diária do hotel, e os locais onde ficavam eram sempre infestados de mosquitos. Quando perguntei a eles: "Não sentem dor quando são picados por um mosquito desses?". Responderam que sim, naturalmente. Mas, ao que parece, haviam se habituado ao incômodo.

Os budistas queimam muitos incensos e, evidentemente, eles servem para espantar mosquitos. Isso mostra que Buda não devia gostar muito de ser picado; mas, como não queria matá-los, é provável que os acendesse para afastá-los. No tempo do Buda, ele e seus discípulos praticavam meditação ao ar livre, portanto deviam ser picados constantemente ao meditar nas florestas. Essa é uma das razões pelas quais o costume de queimar incenso se firmou.

Por outro lado, se você queima incenso demais, pode ficar com uma leve hipóxia, ou irritação da garganta, o que causa um transtorno. Mesmo assim, para os ascetas era melhor que nada, pois, se tentassem se dedicar aos treinamentos espirituais sem as varetas, acabariam tendo o corpo inteiro picado, o que atrapalharia a meditação. Isso é algo que difere muito do jainismo. A prática budista de queimar incenso mostra que eles consideravam que deixar os insetos perturbarem a meditação era um pecado mais grave do que matá-los. Nesses costumes, podemos observar que o budismo conseguia lidar com as questões práticas deste mundo.

5
Entre no caminho da fé que transcende os contextos de etnia e de nação

Use todas as suas forças para empurrar o estreito Portal de Bronze e atravessá-lo

Embora eu tenha abordado diferentes assuntos, minha última mensagem neste capítulo é a seguinte: "Use todas as suas forças para empurrar o estreito Portal de Bronze e passar por ele. Tome a decisão com coragem e entre no caminho da fé". Diversos ataques da sociedade pagã podem influenciar sua decisão. São inúmeras as tentações com base em valores mundanos: o que é superior ou inferior, adorável ou detestável, ter lucro ou prejuízo, vantagem ou desvantagem no trabalho. Ou, então, ter de enfrentar conflitos que surgem dentro da família. Contudo, uma vez que você adentrar no Portal de Bronze, deverá ter uma vontade muito forte para "proteger sua fé".

Diversas religiões cultuam o próprio "Deus", inclusive há aquelas que veneram múltiplos "deuses". Por outro lado, existem religiões que defendem o monoteísmo e pregam que "Existe apenas um Deus", mas seus ensinamentos ficam limitados a uma etnia ou ao contexto de uma nação e costumam não alcançar uma dimensão global.

A posição da Happy Science, contudo, é de ser uma religião com o dever de transcender todos esses limites, oferecendo alimento ao coração de todos os povos. Esse é o sentido de "Deus" para a Happy Science.

Existem muitos deuses no mundo. No Japão também há diversas entidades consideradas deuses e budas. Mas isso significa apenas que há vários espíritos divinos elevados abaixo de Deus ou Buda, com funções distintas. A Happy Science aceita a possibilidade de existirem diferentes fés que se desenvolveram ao longo da história, cada uma com sua peculiaridade ou suas características únicas; porém, a forma final de fé que buscamos é "a que esteja direcionada à entidade que seja como o sol brilhando acima das nuvens". Devemos ter fé no Deus que nutre, ama e guia todos os seres vivos da Terra.

Desse modo, na Happy Science a fé deve voltar-se apenas em direção a El Cantare, o Supremo Deus do Grupo Espiritual Terrestre. *Senhor* significa *Mestre*, e pode haver muitos mestres no mundo. No entanto, o *Grande Mestre*, o mestre definitivo em termos da fé, ou o Deus com caráter de *Senhor*, é El Cantare e somente El Cantare. Por favor, grave isso em sua mente. A *fé em El Cantare* está sendo revelada pela primeira vez na história da humanidade. Embora a Happy Science tenha apenas trinta e poucos anos desde sua fundação, está firmando ensinamentos que já envolveram o globo inteiro nesse curto período de três décadas.

No final, escolha a fé, mesmo que isso signifique abandonar todo o resto

Se você se mantém protegendo sua crença num espaço de fé, é natural que, ao longo das décadas de sua vida dê a impressão de que está tendo algum prejuízo com isso sob a ótica calculista e dos interesses mundanos ou seja tachado de tolo. Mesmo assim, quero que você se proteja com fé e sobreviva com força a esses desafios.

Por enquanto, estou dizendo que as pessoas podem manter diferentes fés, e sinto isso de verdade. Mas, se sua fé é tendenciosa e traz felicidade apenas a um grupo de pessoas e não a todos os seres humanos, embora ela seja aceitável como um artifício, procure "transcender essa fé para se conectar plenamente com a fé em El Cantare". Sei que existem numerosos deuses assistentes. Não tenho intenção de negá-los. No entanto, se sua veneração a eles o impede de ter fé na *religião mundial* ou no *Deus Mundial*, então peço que supere essa limitação.

No final, escolha a fé.

Digo isso em particular às pessoas que estão em idade avançada e entrando na fase final da vida: valorizem especialmente, especialmente a fé.

Enquanto você é jovem, ainda pode sentir necessidade de muitas coisas deste mundo e não conseguir abrir mão delas. Talvez viva diversos conflitos internos e provações. Mas você envelhecerá e se aproximará aos poucos do outro mundo. Se você abandonar sua fé na idade avançada, é como se jogasse fora tudo aquilo que acumulou batalhando arduamente até agora. Quanto mais velho você fica, mais quero que se sinta "satisfeito em ficar somente com a fé no final".

Este mundo é cheio de milagres. Muitos deles ocorrem como uma prova de fé. Porém, em última instância, ninguém pode permanecer neste mundo para sempre.

Será que, quando você deixar este mundo, não restará mais nada? Tudo irá desaparecer, inclusive você? Ou será que existe de fato, como nós afirmamos, um outro mundo onde inúmeras vidas continuam e reinos espirituais ordenados se estendem? Seu futuro será um dos dois cenários, mas eu estou fornecendo provas de que o Mundo Espiritual existe e que ele é um mundo de ordem.

Se você acredita em mim, siga-me. E, por favor, mantenha sua fé protegida com um Portal de Bronze, preservando-a ao longo de toda a vida.

Algumas pessoas "degustam" as religiões. Experimentam uma coisa aqui, outra ali, passeando por diferentes grupos. Porém, de certo modo, elas parecem carecer de fidelidade até mesmo como uma pessoa comum, em contraste com aqueles que se dedicam a vida toda a uma única profissão.

É verdade que cada qual possui uma parte da natureza de Deus dentro de si; entretanto, depois que você chega à verdadeira fé, deve evitar julgar as coisas como se tivesse se tornado um deus, abraçando sua fé apenas quando esta lhe traz benefícios, e deixando-a de lado quando as coisas não correm tão bem. Ao contrário, desejo que você tenha como meta alcançar o seguinte estado mental: "Devoto-me a algo grandioso e, no final, escolho a fé, mesmo que isso signifique abandonar todo o resto".

Palavras que vão transformar o amanhã 4

Vocês podem ser um pilar de ferro ou um portal de bronze praticando a fé

Se vocês dizem que estão vivendo com uma fé profunda,
Estarão se contradizendo se viverem sem dar amor.
Pois a fé é um coração que sempre mentaliza o verdadeiro Deus.
E, ao mentalizar Deus,
Vocês sempre terão vontade de terem também
Os mesmos atributos dEle.

Agora, o que Deus mais mentaliza?
Não é o amor a cada um de vocês?
Deus criou vocês,
Colocou-os na Terra para preenchê-la,
E lhes deu luz, água e comida.
Mesmo que vocês tenham caído várias vezes no Inferno[44],

---

[44] Mesmo que você caia no Inferno, poderá voltar ao Céu ao refletir sobre sua vida e purificar sua alma. Então, terá condições de renascer neste mundo. Deus tem dado aos humanos infinitas oportunidades de recomeçar. Ver *As Leis do Sol*, 2ª ed. (São Paulo: IRH Press, 2015). (N. do T.)

Deus não os destruiu;
Ao contrário, permitiu que continuassem tendo vida.
Se não for puro amor,
Então o que é Deus exatamente?
Deus nada mais é do que o próprio Amor.
E se a fé é o caminho para Deus,
Quanto mais verdadeira for sua fé,
Mais profundo
E mais verdadeiro será seu amor.

O que é o verdadeiro amor?
Não é fazer algo por aqueles que ainda não despertaram?
Que passo vocês devem dar?
Que palavras devem lhes dar?
Não é assim o amor?

Vocês devem despertar para a fé a partir de hoje.
Quando despertarem para a fé
Vocês se tornarão verdadeiramente fortes.
Poderão ser um pilar de ferro.
Ao conhecerem a fé e praticá-la,
Poderão ser um pilar de ferro.

Ao praticarem a fé,
Poderão ser um portal de bronze.
Poderão se transformar num portal de bronze
Que nada seja capaz de arrombar.

Com esta palavra "fé",
Vocês podem ser um pilar de ferro e um portal de
 bronze.
Então, por que continuam fracos?
Sejam fortes.
Tenham coragem.
Ergam-se.

CAPÍTULO QUATRO

A abertura da era espacial

Viver a missão de propagar a liberdade, a democracia e a fé

1
A Happy Science é a fonte de informações mais avançada sobre alienígenas

A Happy Science publica vários livros sobre alienígenas e óvnis

A Happy Science tem produzido muitos filmes sobre o tema do universo[45]. Alguns dos meus leitores talvez não se interessem pelo espaço sideral ou não acreditem na existência de alienígenas ou óvnis, mas ficarei feliz se pelo menos tiverem vontade de ler um pouco a respeito, deixando de lado o ceticismo por um momento.

A democracia baseia-se na liberdade de expressar diferentes opiniões. Minhas palestras muitas vezes incluem assuntos que não refletem as visões do governo ou não fazem parte do "conhecimento comumente aceito", mas acredito que, ao aceitarem a li-

---

[45] Ver a seção final sobre os filmes de animação, *As Leis do Sol* (lançado em 2000), *As Leis do Universo – Parte 0* (lançado em 2015) e *As Leis do Universo – Parte I* (lançado em 2018) (todos com produção executiva de Ryuho Okawa).

berdade de expressar esses temas, as pessoas poderão criar alternativas para o futuro.

De qualquer modo, sinto que há um alto risco em pregar as *Leis do Universo*. Na Festividade Natalícia[46] de 2018, dei uma palestra cujo conteúdo serviu de base para este capítulo e, ao prepará-la, olhei de relance meus livros sobre óvnis e seres do espaço, vendidos hoje nas livrarias[47]. Fiquei surpreso ao ver quantos títulos eu já havia publicado sobre o tema. E temos outros mais ainda, disponibilizados apenas para os membros da Happy Science. Eu tive a sensação de que vinha falando sobre temas relacionados ao espaço apenas umas duas ou três vezes por ano, mas percebi que abordei o tema com uma frequência bem maior.

A Happy Science tem informações que impressionam ufólogos ao redor do mundo

Se você leu esses livros e acredita no seu conteúdo, deve concordar que a Happy Science possui informações que até mesmo a NASA[48] e Hollywood des-

---

[46] A Festividade Natalícia de 7 de julho é um dos dois maiores eventos da Happy Science e celebra o advento de El Cantare à Terra em 7 de julho de 1956.
[47] Mais de cinquenta livros sobre alienígenas e óvnis foram publicados no Japão, inclusive os vendidos em livrarias e os publicados para uso interno da Happy Science (até outubro de 2018).
[48] *National Aeronautics and Space Administration* ("Administração Nacional da Aeronáutica e do Espaço") é uma agência do governo federal dos Estados Unidos.

conhecem. Como alguns dos temas são difíceis de entender apenas pela leitura, quero continuar fazendo filmes e usando outros recursos para que mais pessoas possam compreender esse assunto.

O Japão não possui muitas coisas nas quais seja considerado "o número um no mundo". Mas, apesar de ter sido visto como um "país subdesenvolvido em termos de óvnis", tornou-se agora a nação mais avançada nesse assunto graças à Happy Science. Ainda não traduzimos todos os ensinamentos da Happy Science para as pessoas de fora do Japão; porém, se os pesquisadores dessa área conhecessem as informações que temos, ficariam impressionados. Nossos ensinamentos contêm um volume considerável de dados que muitos concordariam que seria impossível de se obter.

Os ensinamentos sobre óvnis e extraterrestres são parte do fruto de mais de trinta anos de esforços

Transmitir ensinamentos sobre o espaço exterior é uma espécie de desafio para mim. Alcancei a Grande Iluminação aos 24 anos de idade, e fundei a Happy Science aos 30. Embora eu seja ainda jovem, ouço vozes me avisando que logo completarei 62 anos[49],

---
49 Na época dessa palestra.

idade em que, no Japão, um trabalhador de escritório geralmente se aposenta e um executivo luta para conseguir permanecer mais alguns anos na companhia.

A Happy Science vem sendo chamada de religião jovem, pois foi fundada por alguém que tinha 30 anos de idade; no entanto, depois de mais de três décadas de atividade, já passei agora dos 60 e me sinto confiante o suficiente para expressar minha opinião sobre vários assuntos.

Algumas pessoas da mídia vêm nos criticando ou ridicularizando. No passado, eram jornalistas da mesma faixa etária que a minha, mas agora sou mais velho que eles. Os redatores e fotógrafos que na época cobriam meu trabalho estão chegando à idade padrão dos presidentes de empresa. A antiga imagem deles, se escondendo atrás de um carro para registrar cenas a meu respeito, hoje são memórias nostálgicas entre nós. A Happy Science tem a "força oriunda da luta pela sobrevivência ao longo de mais de trinta anos".

Enfim, o conteúdo deste capítulo, sobre óvnis e alienígenas, pode parecer algo bastante estranho, não acadêmico ou não científico, e algumas pessoas talvez tenham dificuldade para acreditar, mas não abordo esses assuntos a partir do nada. Na realidade, revelo uma parte dos numerosos temas que tenho explorado e concluído a partir do acúmulo de mais de três décadas de atividades.

A outra face dos japoneses, que dizem não acreditar no outro mundo, em almas, Deus ou Buda

Mesmo que você não acredite em temas que tratam dos seres do espaço, poderá estudar outros tópicos na Happy Science; possuímos muitos ensinamentos sobre as verdades da vida, que são facilmente compreendidos por budistas, cristãos e filósofos.

Quando perguntamos aos japoneses formalmente se eles acreditam no outro mundo, se têm fé ou estão ligados a alguma religião, apenas 20% ou 30% dizem que sim. Esse número não é muito diferente do registrado na China, nosso vizinho. Mas, se modificarmos a maneira de fazer essas perguntas usando frases do cotidiano em tom religioso, como: "Você tem vontade de realizar uma missa para seus ancestrais?", "Visita os cemitérios da sua cidade natal no *Obon*[50] ou nas férias de verão?", "Vai visitar um santuário no Ano-Novo?", "Sente de vez em quando vontade de visitar os templos e santuários de Quioto ou ir ao Grande Santuário de Ise?", "Acha que carregar amuletos recebidos em santuários lhe trará boa sorte?", então o

---

[50] A festa de *Obon* é uma tradição do budismo japonês que presta homenagem aos ancestrais. Nessa época, quando se acredita que os espíritos dos ancestrais voltam à Terra, as pessoas costumam visitar os túmulos dos ancestrais. (N. do T.)

resultado irá mostrar que 60% a 70% dos japoneses parecem ter algum tipo de fé religiosa.

Essa mudança nas respostas talvez se deva à educação do povo japonês. Embora a tradição religiosa esteja presente no dia a dia, formalmente os japoneses não gostam de dar respostas claras sobre coisas que não tenham aprendido em livros escolares. Isso parece ser um traço cultural. É por isso que muitos nipônicos afirmam não acreditar no outro mundo, nem que a alma seja a essência do ser humano, nem em Deus ou em Buda.

Ao contrário do que se espera, por que pessoas materialistas podem acreditar em óvnis e alienígenas?

Óvnis e alienígenas são outros temas nos quais grande parte do povo japonês diz não acreditar. No entanto, eles são encarados com um enfoque distinto em relação a assuntos como o outro mundo, espíritos, Deus e Buda. A diferença é que até pessoas consideradas materialistas acreditam em discos voadores e extraterrestres.

De fato, indivíduos que creem na existência do outro mundo e em espíritos tendem a acreditar em óvnis, mas há outros que fazem afirmações do tipo: "Não acredito em espíritos, mas a existência de óvnis e de alienígenas é possível". Essa conclusão é óbvia, pois o universo contém trilhões de galáxias além da Via Láctea, que abriga o planeta Terra. Seria, portanto, insensato crer que "não exista um único planeta com condições similares às da Terra". Então, faz sentido considerar que existam outros astros em cada galáxia com um ambiente parecido com o nosso. É por essa razão que algumas pessoas imaginam que podem existir seres com inteligência avançada, como os terráqueos, nas vastas extensões do espaço sideral.

No Japão, no final do ano, a televisão costuma transmitir debates sobre a existência de óvnis. Um professor emérito de uma conhecida universidade japonesa disse certa vez que, embora não acreditasse em questões espirituais, como a existência de espíritos, nunca tinha afirmado que alienígenas não existem. Em outras palavras, pode-se supor tranquilamente que existam alienígenas e óvnis.

O que a NASA sabe sobre óvnis e seres do espaço

Em relação às discussões sobre a existência ou não de seres do espaço, a Happy Science vem abordando o assunto num nível muito mais avançado do que isso.

Hollywood e a NASA possuem hoje muitas informações a respeito de extraterrestres. A NASA, por exemplo, já descobriu objetos artificiais e edificações no lado oculto da Lua em suas missões tripuladas ao satélite dentro do projeto Apollo[51]. A NASA chegou a divulgar de propósito algumas imagens com objetos do tipo óvni voando no espaço, a fim de dar às pessoas indicações sutis sobre a existência de alienígenas.

Também sabemos que existe nos Estados Unidos uma base secreta da força aérea chamada Área 51, relacionada a seres alienígenas[52]. Toda vez que um novo presidente assume, a população espera que o governo americano faça um anúncio oficial sobre esse local. Além disso, há no país um órgão que faz o rastreamento de pessoas abduzidas – não pela Coreia do Norte[53], mas por alienígenas. Tenho certeza de que muita gente já assistiu a algum filme da franquia *MIB – Homens de Preto*[54]. Ele retrata com senso de

---

51 Em 12 de março de 2013, Okawa conduziu uma visualização intitulada *Darkiside moon no enkaku tōshi* ("Visualização remota da face escura da Lua"), que foi transformada em um livro de mesmo nome (Tóquio: IRH Press, 2014).

52 Em 4 de agosto de 2011, Okawa conduziu uma visualização da Área 51 intitulada *Nevada-shū beigun kichi Area 51 no enkaku tōshi ni chōsen suru – hatashite uchūjin wa Chikyū ni sonzai suru ka* ("Desafio à visualização remota da Área 51 da base militar americana em Nevada – Existem mesmo alienígenas na Terra?"), transformada no livro *Nevada-shū beigun kichi "Area 51" no enkaku tōshi* ("Visualização remota da Área 51 da base militar americana em Nevada". Tóquio: IRH Press, 2012).

53 O autor faz aqui um paralelo com casos de japoneses sequestrado pelos norte-coreanos. (N. do T.)

54 Série norte-americana de três filmes, o primeiro deles lançado em 1997.

humor esse tipo de organização; na vida real, é uma entidade do governo americano.

As abduções por alienígenas vêm sendo confirmadas; já se sabe que, quando os médicos submetem a regressões hipnóticas os indivíduos que alegam ter sido abduzidos e tentam resgatar suas memórias, um grande número deles relata eventos similares. Já existem até evidências materiais: vários casos de chips implantados bem fundo no nariz das pessoas.

Hoje, com o desenvolvimento de câmeras e smartphones, as pessoas podem registrar as cenas com mais facilidade; portanto, o volume de imagens de óvnis que provavelmente têm alienígenas a bordo aumentou consideravelmente. A primeira aparição dessa natureza que atraiu a atenção do mundo foi o "Caso Roswell", em 1947, e desde então sabe-se que os óvnis têm se mostrado com muita frequência. À medida que as tecnologias de fotos ficaram disponíveis ao público em geral, a probabilidade de avistamentos de óvnis aumentou drasticamente.

2
Mais de quinhentos tipos de extraterrestres vieram à Terra

Milhões de americanos, talvez mais de 10 milhões, já reportaram ter sido abduzidos

As aparições de óvnis são frequentes também no Japão, mas como era um país que dava pouca ênfase ao assunto, ele não recebia muita divulgação.

Recentemente, porém, o número desses relatos vem crescendo. Em particular, após o lançamento do nosso filme *As Leis do Universo – Parte 0*[55], o tema tem sido abordado com frequência na tevê e em outras mídias. Mesmo assim, embora muitas pessoas realmente tenham avistado óvnis, elas não têm como trazer um deles para mostrá-lo ao público. Nessas circunstâncias, o quanto a Happy Science descobriu sobre os alienígenas?

---

55 Produção executiva de Ryuho Okawa, lançado em 2015.

Hoje, nos Estados Unidos, existem muitos relatos de abdução por alienígenas. São numerosos os casos em que uma pessoa não se lembra de ter sido abduzida por alienígenas, pois as memórias são apagadas, mas ela descobre o evento da seguinte forma: às vezes, passa a ter distúrbios do sono, problemas de memória ou disfunções corporais; depois que investiga a causa desses problemas, chega à conclusão de que foi vítima de abdução.

Alguns afirmam que o número de vítimas nos Estados Unidos é superior a 10 milhões. Embora essa seja uma estimativa grande demais para ser aceita com facilidade, pode-se esperar que uma quantidade imensa de seres humanos tenha passado por essa experiência. No Japão também temos ouvido falar recentemente de casos similares com mais frequência.

Como esse evento tornou-se relativamente corriqueiro, está sendo compreendido com mais facilidade. É frequente ouvirmos relatos semelhantes no mundo todo, por exemplo, de pessoas que filmaram óvnis, descobriram vestígios de sua aterrissagem ou ouviram falar de experiências de pessoas que foram abduzidas e submetidas a testes por alienígenas.

E a Happy Science está revelando que essas ações do espaço "não começaram apenas recentemente". No passado distante, houve um momento da "criação da vida na Terra". Nesse processo, foram concebidas formas de vida aptas a serem terráqueas; trata-se da "criação dos terráqueos". Tenho descrito essa cena nos meus livros e exibido em filmes também. Em suma, numa época remota, novos seres, que são nossos ancestrais, foram criados aqui na Terra.

Porém, tenho ensinado também que esses seres não são os únicos que vivem neste mundo; muitos outros seres provenientes de outros planetas e galáxias foram convidados a viver aqui. Eu escrevi explicando que se trata de uma história que ocorreu há centenas de milhões de anos e, de fato, é uma escala de tempo enorme.

Em resumo, "a humanidade já existia na Terra quando os dinossauros perambulavam por aqui", e "havia entre eles humanos criados na Terra, além daqueles que tinham vindo do espaço sideral viver aqui depois que algumas de suas condições foram melhoradas para tornar possível a sobrevivência no planeta".

As informações sobre alienígenas e sobre o Criador ilustradas no filme *As Leis do Universo – Parte I*

O filme *As Leis do Universo – Parte I*[56], lançado em outubro de 2018, apresenta essas informações em detalhes. Vale a pena assistir. Acredito que tenha poten-

---
56 Produção executiva de Ryuho Okawa, lançado em 2018.

cial para vencer o Oscar – prêmio da Academia de Artes e Ciências Cinematográficas – como Melhor Filme de Animação.

Algumas pessoas podem achar que é presunçoso uma organização religiosa fazer esse tipo de comentário, mas nossos filmes *As Leis Místicas*[57] e *As Leis do Universo – Parte 0*, o primeiro da série *As Leis do Universo*, concorreram ambos ao Oscar na categoria de Melhor Filme de Animação. Por pouco não foram escolhidos como vencedores.

Nosso próximo filme é de uma escala tão grande que até Hollywood seria incapaz de propor, e menos ainda Bollywood[58], Nollywood[59] ou a indústria de cinema de Hong Kong. Quero que o mundo saiba que o Japão está difundindo informações sobre alienígenas com muito maior detalhamento do que fazem os filmes lançados nos Estados Unidos. Até Spielberg ficaria perplexo com os nossos lançamentos, porque contêm cenas que mesmo ele seria incapaz de idealizar.

---

57 Produção executiva Ryuho Okawa, lançado em 2012, vencedor do Prêmio Especial do Júri no 46º Festival Internacional de Cinema de Houston.
58 Bollywood é o nome dado à indústria cinematográfica de Mumbai (antiga Bombaim), maior centro indiano de produção de filmes. O nome deriva de Hollywood, o centro de produção do cinema americano. (N. do A.)
59 Nollywood é como se costuma chamar o setor de cinema da Nigéria, na África Ocidental. A Nigéria é a segunda maior produtora de filmes do mundo, depois da Índia. (N. do A.)

Além disso, fiz esse trabalho com a intenção de descrever o que é o Criador. Nele, o Criador é diferente da Entidade que as pessoas na Terra têm imaginado. O filme chega ao ponto de revelar que Ele não criou só a humanidade na Terra, mas também as principais raças extraterrestres.

As ciências modernas reconhecem hoje que os seres do espaço e os terráqueos estão entrando em contato, mas a verdade é que os alienígenas não vieram para cá há pouco tempo. Parte dos ancestrais dos terráqueos foram extraterrestres convidados para vir à Terra num passado muito distante e mais tarde foram naturalizados como terráqueos. Seus companheiros vêm acompanhando até hoje a transformação deles.

Há cerca de vinte tipos principais de seres do espaço que vieram para este planeta. Eu tenho realizado muitas leituras espirituais de alienígenas para verificar quantas espécies vieram para cá. Para minha surpresa, descobri que há mais de quinhentas.

É essa a razão que me leva a afirmar que nem mesmo a NASA chega aos nossos pés; duvido que eles descubram a existência de mais de quinhentos tipos de alienígenas. Entre esses, cerca de vinte raças predominantes têm vindo à Terra em grande número. Portanto, são essas que estou estudando mais a fundo.

A verdadeira origem da diferença entre etnias e religiões da Terra

Alguns seres do espaço incorporaram certas maneiras de pensar, tipos de personalidade e estilos de vida dos terráqueos. A maioria deles, não todos, já passaram por experiências de ter sua alma residindo no corpo de ancestrais de terráqueos e se ajustaram à vida na Terra. Essa é a razão pela qual existem diferentes etnias e religiões no mundo, mas é impossível explicar isso apenas examinando a história dos últimos milênios.

Charles Darwin, que ensinou a teoria da evolução, é chamado de "pai do materialismo", mas ele mesmo acreditava em Deus. Ele declarou que Deus havia criado a humanidade por volta de 4.000 a.C. Isso significa que sua visão da história da humanidade abrangia pouco mais de seis mil anos.

Dizem que essa é a idade atribuída às pirâmides do Egito. A civilização da Mesopotâmia, em torno do atual Iraque, também tem uma história tão longa quanto a egípcia. A civilização da China talvez se enquadre igualmente nessa faixa de tempo de existência, se considerarmos seus registros mais antigos.

Além disso, em meus livros mais recentes de mensagens espirituais, alguns espíritos têm declarado que a civilização japonesa também criou raízes em um período bem anterior ao do registro histórico de apenas dois mil ou três mil anos[60]. Dizem que os ancestrais dos atuais japoneses são provenientes do continente Mu, que existiu no Pacífico Sul em tempos muitos antigos. Se aceitarmos que esse continente existiu, isso nos permitiria retroceder mais de dez mil anos na história da humanidade. Alguns estudiosos talvez achem impossível retroceder ainda mais, mas a moderna ciência também afirma que nossos ancestrais provavelmente surgiram há cerca de dois milhões de anos.

De qualquer modo, a história que apresento aqui é ainda mais antiga. Minha exploração aprofundou-se a ponto de descobrir que genes culturais de diferentes planetas foram incorporados nas maneiras de pensar dos terráqueos, em suas etnias, nações, religiões e filosofias. Essa é uma contribuição da Happy Science sem igual. Portanto, concluímos que a nossa raça terráquea se formou como resultado da influência de diferentes planetas.

Antes de dar a palestra na qual se baseia este capítulo eu recebi, por meio de contatos espirituais, pedidos de seres que vieram de diversos planetas; cada

---

60 Ver *Ōhirume-no-Muchi no Reigen* ("Mensagens Espirituais de Ōhirume-no--Muchi". Tóquio: IRH Press, 2018) e *Kōkai Reigen Chōkodai Bunmei Mu no Daiō Ra Mu no Honshin* ("Mensagens Espirituais Públicas – O Íntimo do Grande Rei Ra Mu, da Antiquíssima Civilização Mu". Tóquio: IRH Press, 2018).

um queria que eu dissesse que seu planeta-mãe era o mais influente. Tive momentos inquietantes de preparo para o discurso. Se eu endossasse qualquer hierarquia entre esses planetas, acabaria criando uma espécie de "sistema de castas" interplanetário; então, fiz a palestra com uma sensação um pouco diferente da usual. Mas basicamente não faço uma avaliação para estabelecer um ranking. Minha posição essencial é acolher a grande diversidade de seres.

Partindo disso, podemos entender a raiz de tantas diferenças de etnias, cor de pele, língua e religião entre os povos que habitam a Terra. E com isso podemos nos tornar mais tolerantes e descobrir o significado de vivermos como terráqueos.

3
O propósito da vinda dos extraterrestres à Terra

Os extraterrestres vêm à Terra para aprender o conceito de amor e o espírito de autossacrifício

O fato de alienígenas terem vindo à Terra em naves espaciais há dezenas de milhões de anos implicaria que eles teriam uma tecnologia muito mais avançada que a da nossa civilização atual. Algumas pessoas podem questionar por que a tecnologia deles ainda estaria no mesmo nível daqueles tempos. Elas têm toda a razão. Sem dúvida, da primeira vez que visitaram a Terra, foram vistos como seres divinos. No entanto, muitas espécies regrediram conforme viveram na Terra.

Quando vamos para outro ambiente, não é fácil reproduzirmos nossas condições de origem. Por exemplo, se eu fosse exilado para uma ilha isolada nos mares do Sul e as ferramentas práticas fossem tiradas de mim, até mesmo construir uma casa seria um desafio. Eu não disporia de um único prego, nem saberia pôr uma coluna em pé ou montar o telhado, pois nunca aprendi com um carpinteiro. A maioria dos aspectos da civilização atual não teria como se sustentar caso ocorresse uma catástrofe natural e a humanidade ficasse encurralada em uma área específica. Eu gostaria que você considerasse isso. Já passamos por eventos desse tipo muitas, muitas, muitas e muitas vezes no passado.

Mesmo correndo o risco de que sua civilização sofra um retrocesso, por que os alienígenas estão vindo à Terra? Porque ainda há coisas a aprender neste planeta. E o que há para aprender?

Do ponto de vista de um padrão cósmico, não se pode dizer que a tecnologia da civilização científica da Terra seja de ponta; ao contrário, é muito inferior em relação ao nível médio dos alienígenas capazes de vir de outros planetas à Terra. Talvez algum dia possamos alcançar o nível deles, pois estamos enviando foguetes ao espaço com mais frequência, mas no momento ainda estamos bem atrás. Enfim, no que se refere às ciências, nossa civilização ainda está abaixo do padrão cósmico.

Entretanto, no que diz respeito a humanidades e artes, os terráqueos estão num nível muito superior ao do padrão cósmico, e é isso o que eles precisam aprender neste momento. Embora a Terra esteja um pouco atrás em tecnologia científica, ela está muito avançada em humanidades e nas artes. Os alienígenas não têm uma boa compreensão de literatura e das artes em geral.

Quando realizei um escaneamento espiritual das emoções dos extraterrestres, descobri que eles não são capazes de compreender alguns conceitos de amor inerentes aos terráqueos. Muitos deles entendem o "amor entre um homem e uma mulher com o objetivo de ter filhos", ou o "amor que visa preservar sua linhagem familiar", porém não captam um conceito mais elevado de amor. No caso desses seres, o aprimoramento espiritual na Terra faz sentido.

O desejo de proteger a si mesmo é uma emoção natural no ser humano. Ela é compartilhada por todos os animais, e isso vale também no espaço sideral. Lá, a lei segundo a qual "o mais forte destrói o mais fraco" é uma regra que existe em estado natural. Mas na Terra há diferentes tipos de amor além do "amor entre homem e mulher" para a preservação da espécie – como o "amor ao próximo", o "amor ao mundo" e o "amor por seu grupo étnico". Os alienígenas não entendem esses conceitos; por isso, têm vontade de estudá-los e estão se esforçando para aprender.

Também querem saber por que o espírito de autossacrifício pode se manifestar em seres altamente intelectualizados. Se desejassem, os espertos e os fortes poderiam destruir os fracos. Em vez disso, por que alguns terráqueos preferem expressar atos de amor ou de misericórdia, ou procuram a paz, mesmo que isso exija um sacrifício de sua parte? Os alienígenas têm muita vontade de estudar essa noção, que constitui uma incógnita para eles.

Por que os seres do espaço mantêm certa distância dos terráqueos

Outro cenário mais conhecido pelas pessoas – pois é retratado nos filmes sobre extraterrestres – é a "invasão vinda do espaço exterior". Entendo que isso amedronte os terráqueos. Possivelmente a civilização deles, em termos tecnológicos e científicos, é entre cem e mil anos mais avançada do que a nossa; portanto, se quisessem eles poderiam facilmente nos dominar.

No entanto, embora muitos deles venham à Terra e a imagem de suas naves frequentemente seja registrada em fotos ou vídeos, eles mantêm certa distância e não chegam a aterrissar. Assim que os humanos testemunham sua presença, eles fogem e desaparecem. Algumas pessoas questionam por que eles precisariam se comportar dessa forma.

Os óvnis em geral são captados por câmeras quando estão a uma altitude entre 800 e 1.800 metros. Presume-se que voem nessa zona porque conseguem fugir com facilidade quando as Forças Japonesas de

Autodefesa ou outras forças aéreas levantam voo para persegui-los. Se os óvnis voassem mais baixo, esses jatos poderiam alcançá-los, mas nessa faixa estão seguros. Também parecem observar alguma regra, como a de "não chegar perto demais, para evitar que seu formato seja identificado com nitidez".

Por que agem assim? Uma das razões é seu envolvimento na história da humanidade. Eles estão gravando ininterruptamente registros de vida daqueles que eram originários de seus planetas, e que agora nasceram aqui e vivem como terráqueos. Entretanto, cada planeta tem regras definidas no âmbito cósmico sobre o "nível de evolução a partir do qual os seres do espaço têm permissão para intervir na evolução". Por isso, se essa regra não for satisfeita, os alienígenas não podem interferir na civilização terráquea.

Em que condições os alienígenas podem intervir na Terra – antigo épico indiano *Mahabarata*

Quando eles podem intervir? Quando a civilização do planeta passa por uma grande crise, a ponto de colocar sua existência em risco, embora isso exija, é claro, certo nível de concordância com as demais espécies.

Por exemplo, é comum que apareçam muitos óvnis quando a humanidade tem a possibilidade de ser extinta numa guerra nuclear. Se tivesse ocorrido de fato uma guerra nuclear com a Coreia do Norte, uma quantidade massiva de óvnis teria surgido. Mas, como esse risco parece ter diminuído, talvez não haja necessidade de que eles venham em grande quantidade.

No antigo épico indiano *Mahabarata*, há uma clara descrição da Terra vista de cima por um óvni. Um dos trechos desse épico fala da destruição de uma antiga tribo indiana por uma guerra nuclear. É uma cena que nunca poderia ter sido concebida a não ser vista do céu. Portanto, houve uma guerra nuclear em tempos antigos.

Outro caso ocorreu no continente norte-americano[61]: tem-se a impressão de que ele passou por um grande desenvolvimento apenas nesses últimos duzentos ou trezentos anos, mas é improvável que um continente daquele porte nunca tivesse sido habitado antes. Pode-se concluir que já havia um povo naquela região em tempos remotos. Na realidade, a etnia que vivia nesse continente era de raça vermelha, mas hou-

---

61 O autor refere-se aqui a um passado remoto do continente norte-americano à época da civilização de Atlântida, que floresceu entre cerca de 16 mil e 10 mil anos atrás, e a "raça vermelha" citada no texto não diz respeito aos índios americanos peles-vermelhas, mas a uma raça terráquea extinta que existiu naquela época. (N. do E.) Ver *Atlantis Bunmei no Shinsō – Daidōshi Toth, Agasha Daiō Kōkai Reigen* ("A Verdade sobre a Civilização da Atlântida – Mensagens Espirituais Públicas do Grande Sacerdote Toth e do Grande Rei Agasha", Tóquio: IRH Press, 2011).

ve uma espécie de guerra nuclear e esse povo desapareceu. A área onde a guerra teve lugar é agora uma região desértica.

É nesses momentos de ascensão e queda de uma civilização que diversos tipos de alienígenas provenientes de vários planetas têm permissão de descer à superfície da Terra e intervir em certa medida.

Por que os alienígenas têm receio de que os humanos acabem destruindo a Terra

Há mais uma coisa que os terráqueos precisam ter em mente. Muitos filmes retratam a destruição da nossa raça por alienígenas, classificando o tema como "invasões do espaço exterior", e sugerem como devemos lidar com isso. Porém, na vida real esse não é o único ponto com o qual devemos nos preocupar. Da perspectiva do espaço sideral, o maior receio é que "os próprios humanos acabem destruindo a Terra".

Os alienígenas consideram que a "destruição da Terra seria uma grande perda". Afinal, este planeta é um *local de oportunidades* para eles. Como eu disse antes, mais de quinhentas espécies de alienígenas têm se aproximado deste planeta. Ele oferece a seres de outras civilizações do espaço exterior a oportunidade de residir em corpos humanos a fim de desenvolver novas culturas e levar vidas que lhes permitam treinar e recriar suas almas, como parte de um novo experimento civilizatório.

Do ponto de vista do universo, essa é a razão pela qual a Terra existe; por isso, os alienígenas acompanham-na com muita atenção, para que os humanos não a destruam. Eles se esforçam para não alterar muito a civilização terrestre, mas podem intervir se os humanos começarem a destruir o planeta. Quando isso ocorre, surgem os "milagres devidos à intervenção do espaço exterior", que se confundem frequentemente com os "milagres religiosos", e fica difícil dizer qual dos dois tipos se efetuou.

Vegalianos, pleiadianos e reptilianos exercem grande influência sobre a Terra

Há casos também de alienígenas que hipnotizam os terráqueos como num toque de mágica, apagam sua memória, levam-nos sem o consentimento deles para uma nave espacial e os submetem a diversos experimentos, como a produção de crianças híbridas de alienígenas e terráqueos. Isso é imperdoável do nosso ponto de vista, mas são incidentes que já se repetiram muitas vezes em civilizações passadas, e fizeram parte do processo de formação dos terráqueos. De qualquer forma, casos de distúrbios do sono ou da memória podem surgir devido a esses sequestros.

Outra habilidade dos seres espaciais é o "poder de provocar ilusões": eles são capazes de mostrar várias imagens aos terráqueos usando o poder do pensamento, fazendo-nos acreditar que essas visões são nossas memórias verdadeiras ou foram acontecimentos reais.

Os que têm esse poder mais desenvolvido são os habitantes do sistema planetário de Vega[62]. Eles não revelam sua verdadeira aparência, surgindo sob uma forma que reflete alguma memória que reside na mente dos terráqueos ou uma figura que estes podem imaginar. Os vegalianos costumam assumir a forma de alguém familiar à pessoa com a qual entram em contato. Outros extraterrestres também têm esse tipo de poder desenvolvido em algum grau.

Enfim, os seres de fora que têm grande influência na Terra são os de Vega e os das Plêiades[63]. Outra in-

---

62 Vega é uma estrela de primeira grandeza da constelação de Lira. Alienígenas do sistema Vega, os vegalianos, podem mudar sua aparência de acordo com a pessoa com a qual fazem contato. Eles têm três gêneros: masculino, feminino e neutro. Sua tecnologia científica e seus poderes de cura são muito avançados. Ver *Breaking the Silence: Interviews with Space People* ("Quebrando o Silêncio: Entrevistas com Alienígenas". Tóquio: Happy Science, 2012) e *Vega & Pleiades: On Education* ("Vega e Plêiades: Sobre a Educação". Tóquio: Happy Science, 2015), ambos disponíveis apenas nos estabelecimentos da Happy Science. (N. do A.)

63 As Plêiades são um aglomerado de estrelas da constelação de Touro. Vivem ali seres humanoides com um tipo físico próximo ao dos ocidentais. Os pleiadianos valorizam a *beleza*, o *amor* e a *harmonia*, e são capazes de usar *magia* e *poderes de cura*. Ver *Breaking the Silence: Interviews with Space People* ("Quebrando o Silêncio: Entrevistas com Alienígenas". Tóquio: Happy Science, 2012) e *Vega & Pleiades: On Education* ("Vega e Plêiades: Sobre a Educação". Tóquio: Happy Science, 2015), disponíveis apenas nos estabelecimentos da Happy Science. (N. do A.)

fluência observada é a dos reptilianos[64], que são uma das razões da ocorrência de várias guerras na Terra ou dos intermináveis conflitos raciais. Com características de répteis e de personalidade brutal, eles constituem cerca de 30% da civilização terráquea e foram colocados aqui a fim de promover a evolução da Terra. A competição ou a luta pela sobrevivência às vezes é necessária à evolução, e é por isso que foram introduzidos aqui, mas a história do planeta tem mostrado que houve necessidade de um esforço muito grande para familiarizá-los com os terráqueos.

Você pode saber mais sobre esse tema no nosso filme *As Leis do Universo – Parte I*. Uma das missões de El Cantare tem sido "harmonizar essas espécies difíceis e conseguir unificá-las".

---

64 *Reptilianos* é um termo genérico para alienígenas de natureza reptiliana. Eles valorizam o *poder* e a *força*, e costumam ser muito agressivos e invasivos. Há espécies que assumem a forma de répteis, de carnívoros, de humanoides aquáticos e de figuras de aspecto humano. Alguns deles despertaram para a fé em Deus depois que migraram para a Terra, e são chamados de "reptilianos convertidos", cuja missão é promover a *evolução* na Terra. Ver *Breaking the Silence: Interviews with Space People* ("Quebrando o Silêncio: Entrevistas com Alienígenas". Tóquio: Happy Science, 2012) e *We are not alone in this Universe* ("Não Estamos Sozinhos neste Universo". Tóquio: Happy Science, 2014), ambos disponíveis apenas nos estabelecimentos da Happy Science. (N. do A.)

4
A abertura de uma nova era espacial, rumo a um futuro de esperança

As aptidões de El Cantare são únicas no mundo

Na Happy Science, El Cantare é referido como o *Criador*, mas seu conceito é um pouco diferente do apresentado nas religiões convencionais.

Os alienígenas possuem diversas habilidades: produzir alucinações nas pessoas, mostrar-lhes ilusões, apagar a memória dos humanos, entre outras aptidões especiais que os terráqueos não têm. Mas, infelizmente para eles, ou felizmente para nós, as aptidões deles não superam as de El Cantare e, já que sou El Cantare e estou na Terra, as minhas são mais fortes.

Em certo sentido, estou protegendo a Terra. Não importa se estou lidando com esses seres com habilidades especiais: sou capaz de descobrir qual extraterrestre fez o quê. Se ultrapassarem determinada linha e infringirem as regras, posso encontrá-los e condenar seus atos. Portanto, enquanto eu estiver vivo, a Terra nunca será dominada pelos alienígenas. Porém, depois que eu morrer, isso ficará a cargo dos esforços dos humanos.

As aptidões que eu possuo são únicas no mundo; posso enxergar detalhes das galáxias de regiões remotas do espaço sideral, bem além da Via Láctea. Posso levar a minha visão instantaneamente para diversos lugares distantes, a uma velocidade maior que a da luz; posso ver coisas que ocorreram há centenas de milhões ou mesmo bilhões de anos, assim como enxergar o futuro. Tenho a aptidão de explorar livremente o espaço e o tempo.

Enquanto os humanos conhecerem El Cantare e acreditarem em El Cantare, sua civilização não será facilmente destruída. Por outro lado, os alienígenas podem entrar aqui quando virem comportamentos ou atos de crueldade inaceitáveis sendo cometidos de maneira repetida na Terra. Nesses casos, é importante colocarmos um fim a tais atos no nosso planeta.

Propague liberdade, democracia e fé para cada canto do mundo

As regras consideradas fundamentais para este mundo e que devemos disseminar são a *liberdade*, a *de-*

mocracia e a *fé*. Devemos propagar esses conceitos para cada canto do mundo. Há grandes nações que carecem desses três valores. São despóticas, vivem sob ditaduras e na maioria dos casos buscam a hegemonia. Assim, em termos da política e da economia deste mundo, é essencial que continuemos atuando em movimentos neste mundo físico para difundir a liberdade, a democracia e a fé.

Observando o planeta de um ponto de vista mais amplo, cósmico, e com base no conhecimento da história da Terra e de como ela foi formada, descobrimos, por meio da nossa análise dos alienígenas, que as nações autocráticas ou totalitárias, que consideramos problemáticas, apresentam uma natureza fortemente reptiliana e, por isso, saiba que nossa intenção é mudar esses regimes.

Os reptilianos são os "deuses da evolução", mas, ao mesmo tempo, defendem a regra da sobrevivência do mais forte. Não veem nenhum problema em destruir o mais fraco e acham natural que aqueles que detêm uma tecnologia avançada destruam os que são inferiores, transformando-os em alimento ou em escravos.

Fazendo uma comparação, percebemos que o país vizinho do Japão tem uma maneira de pensar semelhante. É necessário fazer com que mudem seu enfoque. Há também nações que adotaram uma mesma religião para se unificar, porém são muito violentas e têm traços totalitários. Sugiro que essas nações aceitem a diversidade religiosa e seus valores pluralistas, e criem um mundo no qual possamos todos nos reconciliar e entrar em harmonia.

Em países como a Coreia do Norte e a China atual há um alto grau de violação dos direitos humanos; a visão reptiliana está fortemente presente em sua maneira de pensar. Eu gostaria que esses povos mudassem essa mentalidade.

Ao mesmo tempo, em algumas nações islâmicas, que também caíram vítimas dessa perspectiva, é visível a falta de tolerância. A impressão que temos é que eles realizam atos de terrorismo e de guerrilha contra outros países com base em sua crença de que "o Deus deles é o único que existe". No caso deles, o ensinamento que estou lhes transmitindo é "ter maior compreensão e aceitação dos outros".

Na Arábia Saudita, embora não seja uma nação ditatorial, foi noticiado que pela primeira vez estão sendo expedidas carteiras de habilitação para mulheres. Isso mostra o quanto as mulheres vêm tendo seus direitos suprimidos em nome da religião. Esse é outro exemplo de atitudes que precisam de mudanças.

Um caso extremo, imperdoável, é a ocupação geral repentina em nome do ateísmo de regiões como a dos uigures⁶⁵, do Tibete e da Mongólia interior. Em nome da Happy Science, é intolerável que uma nação ateísta ocupe ou domine completamente outro país que acredita em Deus, acusando-o de ser terrorista e, dependendo da situação, retire órgãos de um milhão de seus habitantes para realizar transplantes com base em valores materialistas.

Por exemplo, o Turquestão Oriental, também conhecido como Xinjiang Uigur, é hoje uma região autônoma da China, mas antes constituía uma nação, fundada por povos turcos que utilizam o alfabeto arábico e falam um idioma semelhante ao turco. É um equívoco um país destruir unilateralmente nações religiosas como a dos uigures, só porque ele tem uma visão estreita da religião, ou como a do povo do Tibete, só por não endossar a crença tibetana de que o Dalai Lama reencarna imediatamente após sua morte.

A missão de construir uma base comum aos terráqueos e criar um futuro de esperança

Se estão ocorrendo grandes violações dos direitos humanos em países como a Coreia do Norte, a China

---

[65] Os uigures são um povo de origem turcomena que habita sobretudo a Ásia Central. Eles são uma das 56 etnias oficialmente reconhecidas pela República Popular da China. (N. do T.)

e outras nações vizinhas, devemos implantar neles os valores de liberdade, democracia e fé e, ainda, construir uma base comum aos terráqueos, difundindo "ensinamentos capazes de unir o nosso planeta". Eu gostaria de empregar o tempo de vida que me resta neste mundo para alcançar esse fim. Durante esse período, a ciência da Terra progredirá um pouco mais, inclusive passando a fazer intercâmbios com nossos irmãos do espaço.

Entramos numa nova era neste momento, a Era Espacial.

A partir de agora, os seres humanos irão conhecer sua fonte original que não conheciam até hoje, e também o seu futuro. Vivemos uma era em que esperanças e incertezas se misturam, mas é missão da Happy Science transformar completamente essa situação num *futuro de esperança*. Espero que as pessoas do mundo todo me acompanhem nessa jornada.

PALAVRAS QUE VÃO TRANSFORMAR O AMANHÃ 5

Cem bilhões de anos de solidão

Há cerca de cem bilhões de anos,
Foi decidido o plano de criar
Um universo tridimensional de galáxias.
Naquele tempo, eu ainda não havia adquirido uma personalidade,
Mas tenho lembranças daquela época.

Há cem bilhões de anos,
Quando decidi criar este universo tridimensional,
O que se estendia à minha frente era solidão.
Não existia tempo nem espaço.
Sem a existência do tempo nem do espaço,
Não havia outra entidade
Que também tivesse uma vontade e agisse como eu.

Naquele tempo de solidão, um desejo brotou:
"Vou criar o espaço. Vou criar o tempo".
Com tais pensamentos durante a longa, longa solidão,
Eu também tomei parte na criação deste universo.

Minhas memórias de cerca de dez bilhões de anos atrás são mais claras.

Cada ação concreta minha na criação do Sistema Solar
Renasce na minha mente.
Passado certo tempo, quando criei vida avançada
 em Vênus, eu ainda vivia na solidão.
Mais tarde, quando planejei criar a humanidade
 na Terra
Há cerca de seiscentos milhões de anos,
Ainda vivia na solidão.

Em qualquer era, nas vésperas da formação de um
 novo mundo ou da criação de um tempo,
Há sempre uma insondável solidão.
Essa solidão, acredito eu,
É uma parte de Deus que representa a juventude.
Provavelmente você também vive em meio a essa
 juventude, uma espécie de solidão.
E você gera um grande entusiasmo para mandar
 embora essa solidão.
Acredito que na essência da juventude
Existem tempo e espaço de solidão.
Mas acredito também
Que não devemos ser derrotados por essa solidão.

O momento da criação
É o momento da mais profunda solidão.

Se você está nela, significa que ainda tem
sopros bem jovens e frescos em seu coração.

Como escrevi em *Começando do Comum*[66],
Adultos costumam rir da imaturidade da juventude.
Mas, como você pode ver na história,
Ou folheando *As Leis Douradas*,
As filosofias, os pensamentos e as ações
Que mudaram a humanidade, o mundo,
E tornaram as pessoas felizes
Foram todos feitos a partir do jeito jovem de ser.
Nunca se esqueça desse jeito jovem.
Jamais o abandone.
Nunca esqueça que
O solo que faz brotar um grande amor
Está nesse jeito de ser.

Abrace a solidão
E torne a tristeza indefinidamente transparente.
Ao mesmo tempo,
Tenha um amor puro e límpido como o vento,
Que as pessoas mal possam sentir,
E sopre pelo mundo.

---

[66] Atualmente, esse livro está sendo reeditado como *El Cantare in His Youth – Starting from the Ordinary* ("El Cantare em Sua Juventude – Começando do Comum". Tóquio: Happy Science, 2014).

Capítulo Cinco

A força que propaga o amor

A energia do amor de Deus que move você

1
As pessoas não são julgadas por sua linhagem, mas por suas ações

Eu construo cada obra minha visando alcançar diferentes tipos de pessoas

A Happy Science realizou sua Festividade El Cantare em 7 de dezembro de 2017 no Salão de Exposições Internacionais Makuhari Messe, e conectou por satélite todo o Japão e cerca de cem países ao redor do mundo. Eu costumo fazer uma palestra no final de cada ano nesse evento de celebração com um caráter de encerramento do ciclo anual.

Oficialmente, realizei em 2017 mais de 130 palestras e mensagens espirituais, e por pouco não consegui chegar hoje à marca das 2.700[67]; essa conquista

---

[67] A palestra de número 2.700 foi intitulada *Uma palestra sobre o livro "As Leis da Fé"*, realizada em 7 de janeiro de 2018. Até abril de 2019 foram realizadas mais de 2.900 palestras.

ficou para o ano seguinte. Seja como for, sinto que meu trabalho progrediu muito.

No verão de 2017, dei minha primeira conferência no Tokyo Dome[68] depois de 22 anos. Senti certa nostalgia, mas, pensando na preocupação das pessoas de áreas distantes – se teriam de faltar ao trabalho ou não –, precisei ponderar bem a escolha do melhor horário e local. O Salão de Exposições Internacionais Makuhari Messe tem capacidade para catorze mil pessoas. Uma palestra desse porte tem a presença principalmente de indivíduos que moram na região, portanto não tive de me preocupar muito com quem vinha de longe, o que facilitou bastante a sua realização.

O Makuhari Messe é um local de primeira classe para apresentações musicais. Apesar disso, os dois cantores que se exibiram antes da minha palestra na Festividade El Cantare, ao que parece, conseguiram mostrar suas performances com mais tranquilidade. Contudo, na verdade minha palestra deveria ser dada a partir do Mundo Celestial; portanto, nenhum local deste mundo estaria realmente à altura. De qualquer modo, fico feliz em construir cada obra minha visando alcançar diferentes tipos de pessoas.

---

68 Palestra dada numa quarta-feira, 2 de agosto de 2017, intitulada *A Escolha da Humanidade*, que corresponde ao Capítulo Seis do livro *As Leis da Fé* (São Paulo: IRH Press do Brasil, 2018). O Tokyo Dome é um estádio de beisebol com 55 mil lugares localizado em Tóquio. (N. do T.)

Quero conceber maneiras de difundir nossas Leis a um número cada vez maior de pessoas

Para este capítulo escolhi o tema do amor: "A força que propaga o amor". Dentre os muitos ensinamentos da Happy Science, esse é um tema que os iniciantes conseguem compreender e, se nos concentrarmos na "força que propaga", até mesmo nossos membros veteranos sentirão que ainda há muito a aprender.

Quando iniciei esse trabalho, o mundo tinha cerca de 5 bilhões de pessoas; revi minhas palestras antigas e era isso que eu dizia. Agora, ao que parece, somos mais de 7,6 bilhões.

No entanto, nosso trabalho missionário não vem acompanhando esse ritmo. Por maior que sejam nossos esforços, não conseguimos acertar o passo. A população cresce mais rápido; não no Japão, mas nos outros países está crescendo. Então, precisamos "conceber maneiras de difundir nossas Leis a um número cada vez maior de pessoas".

O que eu gostaria de dizer é que, quando dou uma palestra para um público muito grande, sempre desejo que "aqueles que ouvem minhas palavras anotem os pontos principais e os divulguem às pessoas do mundo inteiro".

Muitos *bodhisattvas* e anjos anônimos ainda estão adormecidos

Infelizmente, minhas palavras não estão chegando ao coração de todos.

De qualquer modo, há muitos *bodhisattvas* anônimos entre vocês. Há numerosos *anjos de luz* anônimos ainda adormecidos. A maior parte das pessoas ainda não percebeu realmente sua missão. Muitas ficam reservadas, dizendo que ainda não são tão conhecidas na sociedade, que não têm experiência nem são reconhecidas como pessoas bem-sucedidas. E menos ainda como gente de fama internacional.

Está ótimo. De modo algum você precisa ser famoso para ser capaz de espalhar amor a muita gente. Não há problema em ser desconhecido.

Bodhisattvas anônimos são muito bem-vindos.

Anjos anônimos são muito bem-vindos.

O "tipo de pessoa que você é" é determinado por suas *ações*, não por sua *linhagem*. Essas são palavras ditas pelo Buda Shakyamuni há mais de 2.500 anos.

Foi isso o que Jesus também demonstrou há 2 mil anos. Nenhum dos seus discípulos era altamente respeitado no sentido mundano. Ao contrário, eram pescadores ou exerciam profissões menosprezadas pelos demais. Os Doze Apóstolos eram indivíduos assim. Observando o estado atual de Jerusalém, podemos concluir que eles tinham status, ocupações e instrução abaixo da média, mas desempenharam papel central na difusão do cristianismo, escapando de numerosas perseguições. Agora existem cerca de 2,2 bilhões de cristãos. Essa é a força de dois milênios.

Havia poucos discípulos em volta de Jesus quando ele morreu. Embora fosse cercado por milhares de pessoas quando curava doenças, apenas um punhado continuava perto dele quando foi crucificado. Um deles chegou a ser falso, dizendo que não tinha nada a ver com Jesus. Era Pedro, que mais tarde se tornou o primeiro papa. Cristo deve ter se sentido muito frustrado. Apesar de ter operado tantos milagres, as pessoas acreditavam quando viam os fenômenos com os próprios olhos, mas o abandonavam quando as circunstâncias mudavam em termos deste mundo e elas passavam a sofrer adversidades.

Da mesma forma, muitos de meus seguidores devem sentir algo pequeno, mas especial, ao ouvir minha palestra. Entretanto, assim que voltam à vida cotidiana no dia seguinte, são dominados pela ideia de que o real e verdadeiro é o que a maioria do mundo pensa.

O princípio da democracia de fato atua neste mundo, então é provável que você não consiga fazer frente aos pensamentos e ações da maioria. Mas eu concluo: "É justamente por isso que nosso trabalho é tão valioso".

2

O amor de Deus está dentro de você

❦

A característica da Happy Science é combinar racionalidade e misticismo

No Japão desenvolveram-se muitas formas de jornalismo e, em comparação com o que ocorre em países como a Coreia do Norte e a China, temos um acesso bem mais livre à informação. Mesmo assim, ainda há muitas "barreiras invisíveis".

As pessoas obtêm informação sobretudo pela cobertura dos noticiários. Mas faz parte dos padrões éticos das transmissões japonesas a ideia de "evitar tratar de assuntos não científicos". Na nossa sociedade moderna, tudo que não pode ser comprovado por estudos matemáticos ou científicos acaba sendo taxado como "não científico".

Em particular, o Ministério da Educação, Cultura, Esportes, Ciência e Tecnologia do Japão (MEXT) está começando a questionar a validade das disciplinas de ciências humanas e artes nas universidades. A partir de 2001, quando o Ministério de Educação, Ciência e Cultura fundiu-se à Agência de Ciência e Tecnologia para formar o MEXT, a ciência passou a dominar a educação, fazendo as pessoas acreditarem que "aquilo que não pode ser provado pela ciência não deve fazer parte do currículo acadêmico".

Isso é muito triste, não só para a religião, mas para os estudos acadêmicos em geral. Será que é tão importante assim que as coisas possam "ser sempre reproduzidas por meio de experimentos"?

Desde 2010, tenho publicado uma série de novas mensagens espirituais, e no final de 2017 já tínhamos mais de 450 livros apenas sobre mensagens espirituais[69]. Esse é um número impressionante. O que estou fazendo não deixa de ser um experimento ou uma comprovação, e sei que é uma tarefa sem fim. Mas, ao acumular mensagens espirituais, tenho certeza de que um número cada vez maior de pessoas passará a acreditar nelas.

Quero reverter totalmente a tendência da opinião pública japonesa. Meus livros já foram traduzidos para 29 idiomas[70] e são lidos no mundo inteiro. Em

---

[69] Até abril de 2019 foram publicados mais de quinhentos títulos de mensagens espirituais.
[70] Na época da palestra. Até abril de 2019 os livros de Okawa já foram traduzidos para 31 diferentes línguas.

países africanos, dezenas de milhões de pessoas assistiram às minhas palestras pela tevê e muitas delas leram meus livros.

No Japão, porém, existe uma espécie de senso comum que desestimula lidar com assuntos não científicos. Por isso, as emissoras de tevê raramente transmitem programas desse tipo. Nas raras ocasiões que o fazem, colocam ao final do programa uma nota dizendo algo como: "Este programa não necessariamente comprova temas não científicos". Também é óbvio que os jornais seguem essa política de não tratar de temas não científicos.

Os ensinamentos que eu ministro são racionais, lógicos e persuasivos, o que é bastante incomum para um líder religioso. Além disso, parte do que eu prego é a essência dos conteúdos abordados no meio acadêmico atual e consegue resistir bem a um julgamento acadêmico. Uma das características dos ensinamentos da Happy Science é combinar a *racionalidade* e o *misticismo*.

Seja como for, "fatos são fatos, verdade é verdade"

Não tenho a intenção de ceder às regras deste mundo mais do que esse cuidado que tenho com a lógica nos meus ensinamentos. Porque "fatos são fatos, e verdade é verdade". É uma arrogância achar que "estão certas apenas as coisas reconhecidas por métodos consolidados deste mundo, e que todas as demais são falsas". Ao tentarmos explicar tudo pela ciência, deparamos com incontáveis fenômenos desconhecidos, seja no mundo terreno, seja no universo.

Além disso, muitos dos meus ensinamentos podem ser considerados a ciência do futuro. Eu ensino até conceitos que a ciência moderna ainda não descobriu. Contudo, procuro não lhes dar grande publicidade. Em geral apresento-os dentro da nossa instituição, mas não os revelo muito ao público. Por isso, as pessoas de fora do Japão costumam sugerir que deveríamos publicá-los mais abertamente.

Por exemplo, alguns americanos chegaram a me dizer: "Óvnis e alienígenas? Isso é do conhecimento comum. Aborde o tema mais diretamente. Por que o Japão é tão reservado nesses assuntos? O que vocês publicam nos deixa com vontade de saber mais. Por que vocês disponibilizam esses assuntos apenas internamente e os mantêm escondidos do público externo?"

Em geral, evitamos divulgar demais esses temas porque a mídia japonesa resiste a acreditar em tudo o que se refere a alienígenas. Mas as pessoas de fora do Japão nos pedem maior abertura, incentivando-nos a ir além do que fazem a NASA e Hollywood.

O filme animado *As Leis do Universo – Parte I*[71] foi lançado em outubro de 2018, e continuaremos produzindo filmes dessa série Leis do Universo. Eles revelarão segredos que nunca ninguém expôs antes.

Por se tratar de uma película em forma de animação, mesmo os japoneses não se importarão em assistir como conteúdo informativo, quer acreditem ou não. As informações estão embasadas em fontes bem detalhadas, que aos poucos se tornarão evidentes.

Transcenda as religiões do passado e vá além

Os ensinamentos que você está recebendo agora não são uma repetição nem uma compilação dos conceitos das diversas religiões; estão muito acima deles, pois se tratam das "Leis do Início" e das "Leis do Final".

Eu revelarei tudo. A condição para fazer isso é que mais pessoas na face da Terra acreditem. Quando essa premissa for satisfeita, eu finalmente poderei trazer tudo à tona.

Se você quiser conhecer o maior número possível de verdades em sua vida, por favor, traga mais aliados. Faça com que mais pessoas acreditem. Leve mais pessoas a ler os livros da Happy Science, assistir

---

[71] Produção executiva de Ryuho Okawa, 2018.

aos nossos filmes e participar das nossas atividades. Dessa forma, poderei revelar um número maior de ensinamentos que devo transmitir a todos, isto é, as Leis que possuo.

Tanto os ensinamentos de Jesus como os de Buda são minúsculos em comparação com minhas Leis. Na verdade, tenho Leis bem maiores ainda. Mas a questão atual é "se o Japão é um país digno de tê-las pregado".

Mais de trinta anos se passaram desde a fundação da Happy Science, e agora estamos diante de uma "parede". Conseguiremos superá-la? A Happy Science é uma das religiões mais bem-sucedidas após a Segunda Guerra Mundial; essa "parede invisível" é a força que tenta encaixar a Happy Science na categoria de apenas mais uma religião dentre as várias existentes e, portanto, é o "senso comum".

No entanto, não temos intenção de aceitar essa definição e explicação restritiva de sermos uma mera religião a mais. Queremos transcender essa barreira e ir muito além do horizonte.

Apenas Deus ou profetas podem se aproximar da essência da alma

Os seres humanos não são os únicos que ouvem minhas pregações. Digo isso sabendo que pode soar estranho da perspectiva das ideias preconcebidas que são ensinadas na escola, aplicadas no trabalho ou consideradas pela mídia.

Na Festividade El Cantare de 2017, por exemplo, muitos óvnis estavam no céu acima do local do evento. Os seres dos óvnis têm tecnologia muito superior à nossa na Terra, portanto conseguem traduzir minha palestra simultaneamente e transmiti-la a vários lugares onde alienígenas podem assisti-la. Eles vieram também na época de Buda há 2.500 anos para ouvir o sermão dele, e agora estão fazendo o mesmo.

Eles têm interesse em ver "como a Terra irá mudar"; querem testemunhar e registrar o momento exato da transformação. Posso entender muito bem como se sentem. Parte deles enviou membros de sua própria espécie para cá no passado distante e, desde então, vêm acompanhando a vida dos enviados. Também observam para saber que tipo de experimentos da alma estão sendo realizados na civilização terrestre.

Eu já havia falado sobre esse tema no meu primeiro livro teórico, *As Leis do Sol*. Já se passaram mais de trinta anos desde que escrevi essa obra, em 1986. Sei que não é fácil acreditar nesses assuntos. Algumas pessoas podem até se perguntar: "Como podemos acreditar em outros seres do universo se não conseguimos acreditar sequer na existência do outro mundo?".

A Happy Science também publica uma série de entrevistas espirituais com pessoas que hoje vivem no outro mundo, e livros sobre "mensagens espirituais de espíritos guardiões" de pessoas ainda vivas. Talvez você ache isso um verdadeiro mistério, e muita gente não deve saber como julgá-lo porque é um assunto que não se ensina na escola, nem os pais nunca ouviram falar sobre isso, a não ser que sejam membros da Happy Science. No entanto, você está tendo a revelação de "quem você é", pela primeira vez na história.

Houve grandes filósofos no passado, como Kant, Hegel e Heidegger. No entanto, o quanto eles conseguiram se aproximar da *essência da alma*? Eles escreveram sobre isso em seus livros? A filosofia explica "o outro mundo", "as almas irmãs", "os estilos de vida no Mundo Celestial" e "a reencarnação"? Não explica. Apenas Deus ou profetas a quem seja confiada a revelação das palavras de Deus são capazes de mostrar essa verdade. Você vive agora um momento em que isso está sendo possível.

A essência dos aspectos espirituais é o amor

Quero agora fazer um anúncio a você. O universo é, na verdade, feito "do que é invisível", não "do que é visível". O invisível são as *existências espirituais*. Os aspectos espirituais compõem diversas coisas, cuja identidade ou essência é o *amor*. Isso é o que eu queria dizer a você.

O universo foi criado por intermédio do *amor de Deus*. O amor de Deus reside em todas as criações das várias galáxias ou sistemas planetários, que incluem a Terra, sejam eles compostos por seres do tipo humano ou por animais ou plantas.

Mesmo que eu não seja capaz de lhe mostrar isso, você poderá senti-lo no coração pelas minhas palavras. Por quê? Porque o amor de Deus reside dentro de você.

É por isso que digo: "os humanos são filhos de Deus". São filhos de Deus não é por serem oniscientes, onipotentes, invencíveis ou capazes de realizar qualquer coisa, mas por terem *amor* dentro de si. O amor existe dentro de cada pessoa. Neste capítulo, quero me concentrar no tema do amor e discuti-lo mais a fundo.

3
Perceba que "sua vida está sendo conduzida"

Para aqueles que acham que "não são amados por ninguém"

O maior equívoco a respeito do amor que temos neste mundo é a ideia de que "o amor é algo que se obtém dos outros". Quase todas as novelas de televisão e os filmes retratam esse tipo de amor. Muitas das histórias que tratam do "amor entre um homem e uma mulher" ou do "amor familiar" se baseiam nessa lógica: "O importante é quanto amor você pode conseguir dos outros. Se conseguir obter amor dos outros, você será feliz; se não conseguir ou se perder amor, então você será infeliz". As pessoas sentem que a lógica do amor é essa, sem precisar que outros lhes ensinem.

No entanto, assim que você tiver contato com a religião, precisará superar o nível do senso comum. O amor não é "toma lá, dá cá". É diferente da economia de troca, na qual você recebe alguma coisa e dá outra.

O amor não é nada disso. Enquanto vivemos neste mundo, ocorrem várias trocas entre os humanos, inclusive do tipo "toma lá, dá cá". Não tenho a intenção de negar isso. Mas o amor que eu ensino é diferente. Desde o início, quando publiquei *As Leis do Sol*, ao longo de mais de trinta anos tenho ensinado que "o amor é algo que se dá".

Muitas pessoas estão interessadas apenas em ganhar amor dos outros. Eu lhes pergunto: por que hesitam, ficam confusas ou acham que estarão tendo prejuízo se derem amor ao próximo? O mundo já transborda de pessoas que querem receber amor, então por que se juntar a elas e desejar também obter mais amor? Para onde quer que você vá há gente querendo amor, mas são pouquíssimas as que se dispõem a dar amor.

Portanto, digo a você: se houver uma única pessoa entre meus leitores que sinta que ninguém a ama, eu faço questão de dizer: eu amo você do jeito que você é.

Eu amo cada um dos seres humanos.

Por isso é que venho realizando esse difícil trabalho missionário aqui neste mundo, dia após dia. Desde o passado, que aos olhos de todos parece infinitamente distante, passando pelo presente e rumando em direção ao futuro, quando a Terra encerrar sua vida, as minhas responsabilidades nunca irão cessar.

A vontade de agradecer e de retribuir brota quando você sente que sua vida está sendo conduzida

Dar amor não custa um centavo. Basta mudar a direção dos pensamentos em sua mente. Se você acredita que "pode ser feliz se receber amor dos outros", corrija esse pensamento. Saiba que você é um ser que vive graças ao *amor que Deus lhe deu* e que se aloja em você.

Você já recebeu. Você já recebeu tudo.

Por isso, não queira conduzir sua vida; em vez disso, saiba que ela está sendo conduzida.

Sua vida está sendo conduzida.

Ela está sendo conduzida por diversas forças.

Aqueles que foram ao auditório onde realizei minha conferência podem achar que conseguiram chegar lá por esforço próprio. Mas, na verdade, isso só foi possível graças à união da força invisível de muitas pessoas.

Se você não perceber que "sua vida está sendo conduzida", a intenção de *dar amor* nem passará pela sua cabeça. Quando sentir que sua vida está sendo conduzida, a *vontade de agradecer* brotará; a *vontade de retribuir* brotará.

E, se sua vida está sendo conduzida, eu gostaria que você pensasse no que é capaz de fazer por aqueles que estão sofrendo, enfrentando dificuldades ou estão enfraquecidos.

Você sempre pode fazer algo dentro das suas possibilidades

Cada pessoa tem idade, gênero, profissão, salário e status social próprios. No entanto, há sempre algo que você pode fazer dentro das suas condições, em seu nome, apesar de todas essas diferenças.

Não importa quantas palestras eu seja capaz de dar, existem coisas que eu não posso fazer, mas que cada pessoa pode. Você tem esse potencial. Por exemplo, cada indivíduo tem uma chance muito maior de acender uma luz no seu lar.

Se você e seus irmãos estão se odiando, que tal pensar em maneiras de cessar o ódio e buscar uma reconciliação?

Se você tem conflitos com seu cônjuge, que tal parar de reivindicar só o que não consegue obter do outro? Por que não tenta relembrar os inúmeros atos de amor que recebeu do seu parceiro? Você já se esqueceu deles? E, por causa disso, fica apenas se queixando por não receber nada do que você quer agora? Se for esse o caso, procure levar em conta o quanto já recebeu e perceba que "você também é capaz de dar amor aos outros".

4
Se você ama, aja

Se você der amor com sabedoria, será capaz de nutrir muitas pessoas

No jornalismo atual, quando se fala de amor geralmente é do "amor entre um homem e uma mulher", mas o amor possui uma força muito maior.

O amor começa pelo afeto às pessoas mais próximas que transitam por nossa vida; porém, quando adquirimos sabedoria e usamos a força dessa sabedoria, podemos *amar mais pessoas*. Ao estudarmos, aprofundarmos a aprendizagem no trabalho e obtermos sabedoria, poderemos "exercer influência sobre muito mais seres humanos".

Na gestão empresarial, por exemplo, você dá grandes contribuições à sociedade gerando emprego a muitos trabalhadores e também por meio das atividades de sua empresa. Se colocar amor no seu trabalho, você irá desenvolver um amor diferente daquele que dedica às pessoas próximas e, desse modo, terá uma força maior.

Você pode praticar esse tipo de amor mais abrangente no âmbito do seu trabalho, do seu bairro, da sua cidade, da sua nação e da diplomacia. Para tanto, vai precisar de conhecimento e experiência, e da sabedoria que eles produzirão. Ao dar amor usando sabedoria, você conseguirá nutrir muito mais pessoas.

Isso é possível também nas relações internacionais. Os países com sabedoria devem pensar com seriedade em formas de ajudar outros que ainda não a tenham; assim, o futuro do mundo irá mudar gradualmente.

Por que é difícil perdoar os outros?

Talvez para você, que vive neste mundo, seja muito difícil perdoar os outros, mas você foi agraciado com a *capacidade de perdoar*.

O ser humano comete erros, não só no nível pessoal; dentro de organizações ou em âmbito nacional também. Claro, é preciso sabedoria para discernir que algo errado é *errado* de fato, e que algo mau é *mau*. No entanto, isso não esgota a questão, porque sua tarefa não é *julgar* os outros.

Não julgue os outros nem o trabalho que eles fazem. Ambos os lados vivem de modo imperfeito. Se existem diferenças entre as pessoas na era moderna, são em termos do quanto cada um conseguiu avançar em seu caminho; uns um pouco à frente, outros um pouco atrás ou muito atrás e assim por diante. Apesar disso, somos todos iguais porque "fundamentalmente, somos todos seres que hospedam o amor".

A justiça existe em função da paz

Já faz algum tempo que venho me manifestando sobre assuntos internacionais, como os problemas da Coreia do Norte e da China. Considero que "os povos dessas nações são seres humanos como nós". O fato é que tenho muita pena da infelicidade dessas pessoas, que só tiveram a oportunidade de escolher esses países para nascer.

Quanto à questão da Coreia do Norte, fiz numerosas declarações políticas e abordei vários assuntos do ponto de vista religioso. É possível que irrompa uma guerra se a situação atual continuar[72]. Se isso ocorrer, a maioria das vítimas serão os norte-coreanos, que sofrem na pobreza. Eu gostaria muito de salvar essas pessoas, mas elas só poderão ser salvas

---

[72] Minhas repetidas menções ao presidente Trump e à Coreia do Norte por meio de palestras e dos livros de mensagens espirituais contribuíram para a realização da cúpula EUA-Coreia do Norte em 12 de junho de 2018, levando o país norte-coreano a concordar com a desnuclearização. Com isso, a possibilidade de eclodir uma grande guerra reduziu-se drasticamente. Ver *The World After the Trump-Kim Summit – Spiritual Interview with the Guardian Spirit of Dr. Henry Kissinger* ("O Mundo Depois da Reunião de Cúpula Trump-Kim – Entrevista Espiritual com o Espírito Guardião do Doutor Henry Kissinger". Tóquio: IRH Press, 2018). (N. do A.)

se forem libertadas da tirania de seu governo, que as oprime e impede que saiam do país.

Isso me causa uma grande tristeza; não é minha intenção incentivar uma guerra ou atirar bombas na cabeça da população. Mesmo assim, se um regime perverso está fazendo muitos cidadãos sofrerem tratando-os como escravos, então ele deve ser destruído. Acredito que é preciso usar sabedoria e fazer o que for possível para salvar o futuro desse povo.

A *paz* não existe em função da *justiça*.

É a *justiça* que existe em função da *paz*.

Eu gostaria que as pessoas não confundissem essa ordem. Se acreditarem que "não precisam fazer nada, já que há paz no momento", estão equivocadas. Precisam exercitar a justiça para criar uma paz para o futuro. Ao contrário da maneira pela qual o resto do mundo encara a justiça, os japoneses têm pouca noção do que ela significa. Para alguns deles, justiça significa manter a paz do jeito que está. A verdade, porém, é que a justiça envolve também dedicar-se a atividades que tragam paz para as gerações futuras.

A Justiça de Deus liberta o povo de regimes perversos

Se muitas pessoas estão sofrendo por causa de um *regime perverso*, é preciso libertá-las. O que é um regime perverso? É aquele do qual seu povo não consegue fugir, por mais que queira; aquele no qual as pessoas que vão para o exterior não podem voltar, mesmo que queiram, pois serão executadas. Algo está muito errado num país assim.

Além disso, uma administração com um líder que controla as informações e não permite que circule nada que se oponha a ele, que não permite que seus cidadãos tomem conhecimento de que um compatriota recebeu um Prêmio Nobel da Paz, é também uma administração equivocada.

Devemos ter plena consciência de que sistemas perversos são realmente perversos. E, em vez de usar a justiça para gerar conflitos, devemos exercê-la para alcançar a paz em nosso novo futuro e para abrir caminhos.

O governo japonês, seus cidadãos e os veículos da mídia ainda estão muito aquém nesse sentido. Isso ocorre porque eles não enxergam a *Justiça de Deus* em seu aspecto mais fundamental.

A Justiça de Deus não se resume apenas a "distinguir o bem do mal e destruir o mal". Deus ama todos os seres vivos da Terra. Por isso, precisamos expressar nossas *opiniões*, promover *ações* e ter *coragem*. Não devemos ficar calados.

5
Acredite no Senhor El Cantare, o Deus do Amor

Não enfatize demais as diferenças religiosas e culturais

A Happy Science não pode perder seu impulso e acabar como uma pequena religião dentro da história. Devemos difundir para o mundo todo uma maneira de pensar que supere aquela das diferentes religiões do globo.

O presidente norte-americano Donald Trump tem não só *capacidade de tomar decisões* como também *coragem*. Colocar um fim no problema da Coreia do Norte está nas mãos dele.

Por outro lado, desde que ele declarou que "Jerusalém seria a capital de Israel", as relações dos Estados Unidos com os países árabes ficaram hostis. Eu diria que "se trata de uma questão pequena". Compreendo que o povo judeu queira tornar Jerusalém a capital de Israel; porém, os espíritos elevados do Mundo Celestial e as almas das grandes figuras da história – que são agora reverenciadas como deuses – não têm uma visão tão estreita. Não desejam que este mundo mergulhe em confusão por uma questão minúscula como essa.

Existem *terras santas* no mundo, mas são apenas lugares que nos ajudam a fazer a conexão com Deus e com Buda no outro mundo. Não devemos confundir os *meios* com os *fins*.

Não devemos colocar ênfase demais nas *diferenças religiosas e culturais* entre os povos. Tampouco devemos usar a ideia de *reencarnação* como justificativa para defender o sistema de castas que persiste ainda hoje, como na Índia. Ali, existe a crença de que as pessoas que têm um bom carma conquistado em suas vidas passadas reencarnam numa casta elevada, enquanto aquelas que tiveram mau comportamento na vida anterior renascem em famílias pobres.

Mas eu não aprovo a ideia da encarnação como um sistema inflexível como esse. Conforme mencionei no início deste capítulo, uma pessoa será julgada como sendo respeitável ou não apenas por suas *ações*.

• As leis de bronze •

O amor une tudo

Não importa se você é famoso ou desconhecido;
O que "torna você um *bodhisattva* ou não"
Depende de suas ações,
De "sua vontade e de sua ação de nutrir os outros"
E de "sua vontade e de sua ação de perdoar os outros".
Perdoe o difícil de perdoar.
Perdoe até mesmo quem o persegue, o discrimina
E o trata com frieza.
Esse é um poder muito, muito grande que lhe foi concedido.
Você está dotado de um poder.
É o *poder dos Céus*.
É o *poder de Deus*.
É o *poder do Deus da Terra*.
Portanto, por meio desse poder,
Tenha a *capacidade de acolher*
Que perdoa e supera, em última instância,
Mesmo aqueles que nasceram numa nação perversa.
Dê um passo corajoso, a cada dia,
Para garantir que nosso futuro avance para o lado mais luminoso.
E acredite que o amor une tudo,
Transpondo os limites do pequeno Japão,
Os limites do mundo oriental,
E os limites da Terra.

Ame os outros como Deus ama você

Seu Senhor, El Cantare, é o *Deus do Amor*.
A expressão mais importante é: "Ame seu Senhor Deus".
Em outras palavras: "Acredite no seu Deus do Amor".
A segunda frase mais importante é: "Ame o próximo".
Ame as muitas pessoas que você conhece ao longo da vida,
Não importa se trazem a você algum benefício ou não.
Ame-as assim como Deus ama você.
Essa é a minha mensagem.
Quero dizer a todos no mundo:
Eu amo todos vocês.

Posfácio

Este é um livro profundo e intenso. Deus exige de nós, humanos, esse nível de intensidade.

Você é capaz de compreender o verdadeiro sentido dos desejos egoístas, do amor incondicional e do autossacrifício?

Este livro traz também uma introdução às *Leis do Universo*. Acreditar na existência do Mundo Espiritual já é um desafio; você é capaz de acreditar plenamente na existência de nossos irmãos do espaço?

Na mente do Criador, as *Leis da Origem* e as *Leis do Universo* se fundem e se entrecruzam.

Sem conseguir transpor o nível de compreensão deste livro, você estará muito aquém das Leis da Criação do Grande Universo.

Se você deseja conhecer a verdadeira iluminação de Deus, pratique o amor descrito neste livro. Então, perceberá que os milagres não passam de regras simples do universo.

Ryuho Okawa
Dezembro de 2018

Este livro é uma compilação das seguintes palestras, com alguns acréscimos, conforme listado a seguir.

CAPÍTULO 1 – Como desenvolver seu entusiasmo
Título em japonês: *Jōnetsu no Takamekata*
Palestra proferida em 3 de fevereiro de 2018 no Salão Cultural Geral Miyakonojō, Miyazaki, Japão.

CAPÍTULO 2 – O espírito de autossacrifício
Título em japonês: *Jikogisei no Seishin*
Palestra proferida em 22 de novembro de 2017 na Sala Especial de Palestras, Happy Science, Tóquio, Japão.

CAPÍTULO 3 – O Portal de Bronze
Título em japonês: *Seidō no Tobira*
Palestra proferida em 14 de março de 2018 na Matriz Geral da Happy Science, Tóquio, Japão.

CAPÍTULO 4 – A abertura da era espacial
Título em japonês: *Uchūjidai no Makuake*
Palestra proferida em 4 de julho de 2018 na Super Arena Saitama, Saitama, Japão.

CAPÍTULO 5 – A força que propaga o amor
Título em japonês: *Ai wo Hirogeru Chikara*
Palestra proferida em 7 de dezembro de 2017 no Saguão de Exposições Internacionais Makuhari Messe, Chiba, Japão.

As "Palavras que vão transformar o amanhã" foram extraídas dos livros e palestras abaixo relacionados:

Palavras que vão transformar o amanhã 1
Título em japonês: *Chikarazuyoku Jinsei wo Ayumu Tame no "Yottsu no Chikara"*
Citação extraída de: Parte Um – *Kokoro no Chōwa to Kenkō*

Seikatsu (literalmente, "Harmonia do Coração e Vida Saudável") de *Kokoro no Chōwa to Kenkō Seikatsu Jisshū-hen* (literalmente, "Harmonia do Coração e Vida Saudável na Prática").

Palavras que vão transformar o amanhã 2
Título em japonês: *Ningen Kankei no Kurushimi wa "Jinsei no Mondaishū"*
Citação extraída de: Capítulo Cinco – *Shinjitsu no Jinsei wo Ikikire* (literalmente, "Viva uma Vida de Verdade"), de *Yūki no Hō* (literalmente, "As Leis da Coragem").

Palavras que vão transformar o amanhã 3
Título em japonês: *"Kōsei e no Saidai Ibutsu" towa Nani ka*
Citação extraída de: Capítulo Um – *Han'ei no Hōsoku* (literalmente, "Regras para a Prosperidade") de *Han'ei no Hōsoku* (literalmente, "Regras para a Prosperidade").

Palavras que vão transformar o amanhã 4
Título em japonês: *Shinkō no Jissen de "Tetsu no Hashira" "Seidō no Tobira" to Nareru*
Citação extraída de: Capítulo Dois – *Shinkō to Ai* (literalmente, "Fé e Amor") de *Shinkō to Ai* (literalmente, "Fé e Amor").

Palavras que vão transformar o amanhã 5
Título em japonês: *Issen'oku Nen no Kodoku*
Citação extraída de: *Issen'oku Nen no Kodoku* (literalmente, "Cem Bilhões de Anos de Solidão") (palestra de 16 de setembro de 1989).

Sobre o autor

O mestre Ryuho Okawa começou a receber mensagens de grandes personalidades da história – Jesus, Buda e outros seres celestiais – em 1981. Esses seres sagrados vieram com mensagens apaixonadas e urgentes, rogando que ele transmitisse às pessoas na Terra a sabedoria divina deles. Assim se revelou o chamado para que ele se tornasse um líder espiritual e inspirasse pessoas no mundo todo com as Verdades espirituais sobre a origem da humanidade e sobre a alma, por tanto tempo ocultas. Esses diálogos desvendaram os mistérios do Céu e do Inferno e se tornaram a base sobre a qual o mestre Okawa construiu sua filosofia espiritual. À medida que sua consciência espiritual se aprofundou, ele compreendeu que essa sabedoria continha o poder de ajudar a humanidade a superar conflitos religiosos e culturais e conduzi-la a uma era de paz e harmonia na Terra.

Pouco antes de completar 30 anos, o mestre Okawa deixou de lado uma promissora carreira de negócios para se dedicar totalmente à publicação das mensagens que recebeu do Mundo Celestial. Desde então, já publicou mais de 2.500 livros, tornando-se um autor de grande sucesso no Japão e no mundo. A universalidade da sabedoria que ele compartilha, a profundidade de sua filosofia religiosa e espiritual e a clareza e compaixão de suas mensagens continuam a atrair milhões de leitores. Além de seu trabalho contínuo como escritor, o mestre Okawa dá palestras públicas pelo mundo todo.

• Sobre o autor •

Transmissão de palestras em mais de 3.500 locais ao redor do mundo

Desde que fundou a Happy Science, em 1986, o mestre Ryuho Okawa deu mais de 2.900 palestras. Esta foto é da palestra especial realizada no Tokyo Dome no Japão, em 2 de agosto de 2017. Na palestra intitulada "A Escolha da Humanidade", o mestre revelou os segredos históricos da criação da humanidade e afirmou que os humanos estão agora em uma encruzilhada: escolher paz e estabilidade ou não. É natural que os países se defendam, mas ele ensinou que há um outro padrão pelo qual os países podem se defender: com base na Vontade de Deus. No final da palestra, Okawa declarou que acima de todas as religiões está o Deus da Terra, e enfatizou a importância dos humanos para deter a guerra e o terrorismo e criar harmonia. Cerca de 50 mil pessoas compareceram ao estádio principal e o evento também foi transmitido ao vivo em mais de 3.500 locais ao redor do mundo.

Mais de 2 mil livros publicados

Os livros do mestre Ryuho Okawa foram traduzidos em 31 línguas e vêm sendo cada vez mais lidos no mundo inteiro. Em 2010, ele recebeu menção no livro *Guinness World Records* por ter publicado 52 livros em um ano. Ao longo de 2013, publicou 106 livros. Em 2019, o número de livros lançados pelo mestre Okawa passou de 2.500.

Entre eles, há também muitas mensagens de espíritos de grandes figuras históricas e de espíritos guardiões de importantes personalidades que vivem no mundo atual.

Sobre a Happy Science

Em 1986, o mestre Ryuho Okawa fundou a Happy Science, um movimento espiritual empenhado em levar mais felicidade à humanidade pela superação de barreiras étnicas, religiosas e culturais, e pelo trabalho rumo ao ideal de um mundo unido em paz e harmonia. Apoiada por seguidores que vivem de acordo com as palavras de iluminada sabedoria do mestre Okawa, a Happy Science tem crescido rapidamente desde sua fundação no Japão e hoje tem mais de 12 milhões de membros em todo o globo, com templos locais em Nova York, Los Angeles, São Francisco, Tóquio, Londres, Paris, Düsseldorf, Sydney, São Paulo e Seul, dentre as principais cidades. Semanalmente o mestre Okawa ensina nos Templos da Happy Science e viaja pelo mundo dando palestras abertas ao público.

A Happy Science possui vários programas e serviços de apoio às comunidades locais e pessoas necessitadas, como programas educacionais pré e pós-escolares para jovens e serviços para idosos e pessoas com necessidades especiais. Os membros também participam de atividades sociais e beneficentes, que no passado incluíram ajuda humanitária às vítimas de terremotos na China, no Nepal e no Japão, levantamento de fundos para uma escola na Índia e doação de mosquiteiros para hospitais em Uganda.

Programas e Eventos

Os templos locais da Happy Science oferecem regularmente eventos, programas e seminários. Junte-se às nossas sessões de meditação, assista às nossas palestras, participe dos grupos de estudo, seminários e eventos literários. Nossos programas ajudarão você a:
- aprofundar sua compreensão do propósito e significado da vida;
- melhorar seus relacionamentos conforme você aprende a amar incondicionalmente;
- aprender a tranquilizar a mente mesmo em dias estressantes, pela prática da contemplação e da meditação;
- aprender a superar os desafios da vida e muito mais.

Seminários Internacionais

Anualmente, amigos do mundo inteiro comparecem aos nossos seminários internacionais, que ocorrem em nossos templos no Japão. Todo ano são oferecidos programas sobre diversos tópicos, entre eles "como melhorar relacionamentos praticando os Oito Corretos Caminhos para a Iluminação" e "como amar a si mesmo".

Contatos

A Happy Science é uma organização mundial, com centros de fé espalhados pelo globo. Para ver a lista completa dos centros, visite a página happy-science.org. A seguir encontram-se alguns dos endereços da Happy Science:

BRASIL

São Paulo (Matriz)
Rua Domingos de Morais 1154,
Vila Mariana, São Paulo, SP
CEP 04010-100, Brasil
Tel.: 55-11-5088-3800
Email: sp@happy-science.org
Website: happyscience.com.br

São Paulo (Zona Sul)
Rua Domingos de Morais 1154,
Vila Mariana, São Paulo, SP
CEP 04010-100, Brasil
Tel.: 55-11-5088-3800
Email: sp_sul@happy-science.org

São Paulo (Zona Leste)
Rua Fernão Tavares 124,
Tatuapé, São Paulo, SP
CEP 03306-030, Brasil
Tel.: 55-11-2295-8500
Email: sp_leste@happy-science.org

São Paulo (Zona Oeste)
Rua Grauçá 77,
Vila Sônia, São Paulo, SP
CEP 05626-020, Brasil
Tel.: 55-11-3061-5400
Email: sp_oeste@happy-science.org

Campinas
Rua Joana de Gusmão 187,
Jd. Guanabara, Campinas, SP
CEP 13073-370, Brasil
Tel.: 55-19-3255-3346

Capão Bonito
Rua Benjamin Constant 225,
Centro, Capão Bonito, SP
CEP 18300-322, Brasil
Tel.: 55-15-3543-2010

Jundiaí
Rua Congo 447,
Jd. Bonfiglioli, Jundiaí, SP
CEP 13207-340, Brasil
Tel.: 55-11-4587-5952
Email: jundiai@happy-science.org

Londrina
Rua Piauí 399, 1º andar, sala 103,
Centro, Londrina, PR
CEP 86010-420, Brasil
Tel.: 55-43-3322-9073

Santos / São Vicente
Rua João Ramalho 574, sala 4,
Centro, São Vicente, SP
CEP 11310-050, Brasil
Tel.: 55-13-99158-4589
Email: santos@happy-science.org

Sorocaba
Rua Dr. Álvaro Soares 195, sala 3,
Centro, Sorocaba, SP
CEP 18010-190, Brasil
Tel./Fax: 55-15-3359-1601,
55-15-3359-1601
Email: sorocaba@happy-science.org

Rio de Janeiro
Largo do Machado 21, sala 605,
Catete, Rio de Janeiro, RJ
CEP 22221-020, Brasil
Tel.: 55-21-3689-1457
Email: riodejaneiro@happy-science.org

ESTADOS UNIDOS E CANADÁ

Nova York
79 Franklin St.,
Nova York, NY 10013
Tel.: 1-212-343-7972
Fax: 1-212-343-7973
Email: ny@happy-science.org
Website: happyscience-na.org

Los Angeles
1590 E. Del Mar Blvd.,
Pasadena, CA 91106
Tel.: 1-626-395-7775
Fax: 1-626-395-7776
Email: la@happy-science.org
Website: happyscience-na.org

San Francisco
525 Clinton St.,
Redwood City, CA 94062
Tel./Fax: 1-650-363-2777
Email: sf@happy-science.org
Website: happyscience-na.org

Havaí
Tel.: 1-808-591-9772
Fax: 1-808-591-9776
Email: hi@happy-science.org
Website: happyscience-na.org

Kauai
4504 Kukui Street.,
Dragon Building Suite 21,
Kapaa, HI 96746
Tel.: 1-808-822-7007
Fax: 1-808-822-6007
Email: kauai-hi@happy-science.org
Website: happyscience-na.org

Flórida
5208 8thSt., Zephyrhills,
Flórida 33542
Tel.: 1-813-715-0000
Fax: 1-813-715-0010
Email: florida@happy-science.org
Website: happyscience-na.org

Toronto
845 The Queensway Etobicoke,
ON M8Z 1N6, Canadá
Tel.: 1-416-901-3747
Email: toronto@happy-science.org
Website: happy-science.ca

• CONTATOS •

INTERNACIONAL

Tóquio
1-6-7 Togoshi, Shinagawa
Tóquio, 142-0041, Japão
Tel.: 81-3-6384-5770
Fax: 81-3-6384-5776
Email: tokyo@happy-science.org
Website: happy-science.org

Londres
3 Margaret St.,
Londres, W1W 8RE, Grã-Bretanha
Tel.: 44-20-7323-9255
Fax: 44-20-7323-9344
Email: eu@happy-science.org
Website: happyscience-uk.org

Sydney
516 Pacific Hwy, Lane Cove North,
NSW 2066, Austrália
Tel.: 61-2-9411-2877
Fax: 61-2-9411-2822
Email: sydney@happy-science.org
Website: happyscience.org.au

Nepal
Kathmandu Metropolitan City
Ward Nº 15, Ring Road, Kimdol,
Sitapaila Kathmandu, Nepal
Tel.: 977-1-427-2931
Email: nepal@happy-science.org

Uganda
Plot 877 Rubaga Road, Kampala
P.O. Box 34130, Kampala, Uganda
Tel.: 256-79-3238-002
Email: uganda@happy-science.org

Tailândia
19 Soi Sukhumvit 60/1,
Bang Chak, Phra Khanong,
Bancoc, 10260, Tailândia
Tel.: 66-2-007-1419
Email: bangkok@happy-science.org
Website: happyscience-thai.org

Indonésia
Darmawangsa
Square Lt. 2 Nº 225,
JI. Darmawangsa VI & IX,
Indonésia
Tel.: 021-7278-0756
Email: indonesia@happy-science.org

Filipinas Taytay
LGL Bldg, 2nd Floor,
Kadalagaham cor,
Rizal Ave. Taytay,
Rizal, Filipinas
Tel.: 63-2-5710686
Email: philippines@happy-science.org

Seoul
74, Sadang-ro 27-gil,
Dongjak-gu, Seoul, Coreia do Sul
Tel.: 82-2-3478-8777
Fax: 82-2- 3478-9777
Email: korea@happy-science.org

Taipé
Nº 89, Lane 155, Dunhua N. Road.,
Songshan District, Cidade de Taipé 105,
Taiwan
Tel.: 886-2-2719-9377
Fax: 886-2-2719-5570
Email: taiwan@happy-science.org

Malásia
Nº 22A, Block 2, Jalil Link Jalan Jalil
Jaya 2, Bukit Jalil 57000, Kuala Lumpur,
Malásia
Tel.: 60-3-8998-7877
Fax: 60-3-8998-7977
Email: malaysia@happy-science.org
Website: happyscience.org.my

Partido da Realização da Felicidade

O Partido da Realização da Felicidade (PRF) foi fundado no Japão em maio de 2009 pelo mestre Ryuho Okawa, como parte do Grupo Happy Science, para oferecer soluções concretas e práticas a assuntos atuais, como as ameaças militares da Coreia do Norte e da China e a recessão econômica de longo prazo. O PRF objetiva implementar reformas radicais no governo japonês, a fim de levar paz e prosperidade ao Japão. Para isso, o PRF propõe duas medidas principais:

1. Fortalecer a segurança nacional e a aliança Japão-EUA, que tem papel vital para a estabilidade da Ásia.
2. Melhorar a economia japonesa implementando cortes drásticos de impostos, adotando medidas monetárias facilitadoras e criando novos grandes setores.

O PRF defende que o Japão deve oferecer um modelo de nação religiosa que permita a coexistência de valores e crenças diversos, e que contribua para a paz global.

Para mais informações, visite en.hr-party.jp

Universidade Happy Science

O espírito fundador e a meta da educação

Com base na filosofia fundadora da universidade, que é de "Busca da felicidade e criação de uma nova civilização", são oferecidos educação, pesquisa e estudos para ajudar os estudantes a adquirirem profunda compreensão, assentada na crença religiosa, e uma expertise avançada, para com isso produzir "grandes talentos de virtude" que possam contribuir de maneira abrangente para servir o Japão e a comunidade internacional.

Visão geral das faculdades e departamentos

– Faculdade de Felicidade Humana, Departamento de Felicidade Humana

Nesta faculdade, os estudantes examinam as ciências humanas sob vários pontos de vista, com uma abordagem multidisciplinar, a fim de poder explorar e vislumbrar um estado ideal dos seres humanos e da sociedade.

– Faculdade de Administração de Sucesso, Departamento de Administração de Sucesso

Esta faculdade tem por objetivo tratar da administração de sucesso, ajudando entidades organizacionais de todo tipo a criar valor e riqueza para a sociedade e contribuir para a felicidade e o desenvolvimento da administração e dos empregados, assim como da sociedade como um todo.

– Faculdade da Indústria Futura, Departamento de Tecnologia Industrial

O objetivo desta faculdade é formar engenheiros capazes de resolver várias das questões enfrentadas pela civilização moderna, do ponto de vista tecnológico, contribuindo para criar novos setores no futuro.

• Universidade Happy Science •

Academia Happy Science
Escola Secundária de Primeiro e Segundo Grau

A Academia Happy Science de Primeiro e Segundo Grau é uma escola em período integral fundada com o objetivo de educar os futuros líderes do mundo para que tenham uma visão ampla, perseverem e assumam novos desafios. Hoje há dois *campi* no Japão: o Campus Sede de Nasu, na província de Tochigi, fundado em 2010, e o Campus Kansai, na província de Shiga, fundado em 2013.

Filmes da Happy Science

O mestre Okawa é criador e produtor executivo de catorze filmes, que receberam vários prêmios e reconhecimento ao redor do mundo. Títulos dos filmes:

- As Terríveis Revelações de Nostradamus (1994)
- Hermes – Ventos do Amor (1997)
- As Leis do Sol (2000)
- As Leis Douradas (2003)
- As Leis da Eternidade (2006)
- O Renascimento de Buda (2009)
- O Julgamento Final (2012)
- As Leis Místicas (2012)
- As Leis do Universo – Parte 0 (2015)
- Estou Bem, Meu Anjo (2016)
- O Mundo em que Vivemos (2017)
- Alvorecer (2018)
- As Leis do Universo – Parte I (2018)
- A Última Feiticeira do Amor (2019)

As Leis do Sol

As Leis da Eternidade

As Leis Douradas

• FILMES DA HAPPY SCIENCE •

As Leis Místicas

Vencedor do "**Prêmio Remi Especial do Júri 2013**" para Produções Teatrais no Festival de Cinema Internacional WorldFest de Houston

O Julgamento Final

As Leis do Universo (Parte 0)

A Última Feiticeira do Amor

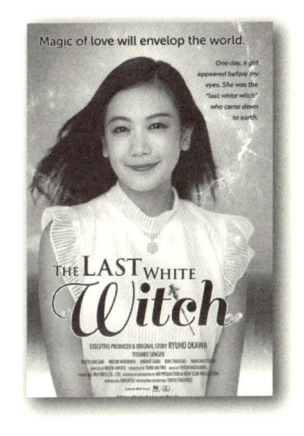

As Leis do Universo (Parte I)

Outros livros de Ryuho Okawa

SÉRIE LEIS

As Leis do Sol
A Gênese e o Plano de Deus
IRH Press do Brasil

Neste livro poderoso, Ryuho Okawa revela a natureza transcendental da consciência e os segredos do nosso universo multidimensional, bem como o lugar que ocupamos nele. Ao compreender as leis naturais que regem o universo e desenvolver sabedoria pela reflexão com base nos Oito Corretos Caminhos ensinados no budismo, o autor tem como acelerar nosso eterno processo de desenvolvimento e ascensão espiritual. Também indica o caminho para se chegar à verdadeira felicidade. Edição revista e ampliada.

As Leis Douradas
O Caminho para um Despertar Espiritual
Editora Best Seller

Ao longo da história, os Grandes Espíritos Guias de Luz, como Buda Shakyamuni, Jesus Cristo, Krishna e Maomé, têm estado presentes na Terra, em momentos cruciais da história humana, para cuidar do nosso desenvolvimento espiritual. Este livro traz a visão do Supremo Espírito que rege o Grupo Espiritual da Terra,

El Cantare, revelando como o plano de Deus tem sido concretizado ao longo do tempo. Depende de todos nós vencer o desafio, trabalhando juntos para ampliar a Luz.

As Leis Místicas
Transcendendo as Dimensões Espirituais
IRH Press do Brasil

A humanidade está entrando numa nova era de despertar espiritual graças a um grandioso plano, estabelecido há mais de 150 anos pelos Espíritos Superiores. Aqui são esclarecidas questões sobre espiritualidade, misticismo, hermetismo, possessões e fenômenos místicos, canalizações, comunicações espirituais e milagres que não foram ensinados nas escolas nem nas religiões. Você compreenderá o verdadeiro significado da vida na Terra, fortalecerá sua fé e religiosidade, despertando o poder de superar seus limites e até de manifestar milagres por meio de fenômenos sobrenaturais.

As Leis da Imortalidade
*O Despertar Espiritual para uma
Nova Era Espacial*
IRH Press do Brasil

Milagres ocorrem de fato o tempo todo à nossa volta. Aqui, o mestre Okawa revela as verdades sobre os fenômenos espirituais e ensina que as leis espirituais eternas realmente existem, e como elas moldam o nosso planeta e os mundos além deste que conhecemos. Milagres e ocorrências espirituais dependem não só do Mundo Celestial, mas

• Outros livros de Ryuho Okawa •

sobretudo de cada um de nós e do poder contido em nosso interior – o poder da fé.

As Leis da Salvação
Fé e a Sociedade Futura
IRH Press do Brasil

O livro analisa o tema da fé e traz explicações relevantes para qualquer pessoa, pois ajudam a elucidar os mecanismos da vida e o que ocorre depois dela, permitindo que os seres humanos adquiram maior grau de compreensão, progresso e felicidade. Também aborda questões importantes, como a verdadeira natureza do homem enquanto ser espiritual, a necessidade da religião, a existência do bem e do mal, o papel das escolhas, a possibilidade do apocalipse, como seguir o caminho da fé e ter esperança no futuro, entre outros temas.

As Leis da Eternidade
A Revelação dos Segredos das Dimensões Espirituais do Universo
Editora Cultrix

Cada uma de nossas vidas é parte de uma série de vidas cuja realidade se assenta no outro mundo espiritual. Neste livro esclarecedor, Ryuho Okawa revela os aspectos multidimensionais do Outro Mundo, descrevendo suas dimensões, características e leis. Ele também explica por que é essencial para nós compreendermos a estrutura e a história do mundo espiritual e percebermos a razão de nossa vida – como parte da preparação para a Era Dourada que está por se iniciar.

As Leis da Felicidade
*Os Quatro Princípios para uma
Vida Bem-Sucedida*
Editora Cultrix

Este livro é uma introdução básica aos ensinamentos de Ryuho Okawa, ilustrando o cerne de sua filosofia. O autor ensina que, se as pessoas conseguem dominar os Princípios da Felicidade – Amor, Conhecimento, Reflexão e Desenvolvimento –, elas podem fazer sua vida brilhar, tanto neste mundo como no outro, pois esses princípios são os recursos para escapar do sofrimento e que conduzem as pessoas à verdadeira felicidade.

As Leis da Sabedoria
Faça Seu Diamante Interior Brilhar
IRH Press do Brasil

Neste livro, Okawa descreve, sob diversas óticas, a sabedoria que devemos adquirir na vida: conceitos sobre o modo de viver, dicas para produção intelectual e os segredos da boa gestão empresarial. Depois da morte, a única coisa que o ser humano pode levar de volta consigo para o outro mundo é seu "coração". E dentro dele reside a "sabedoria", a parte que preserva o brilho de um diamante. A Iluminação na vida moderna é um processo diversificado e complexo. Porém, o mais importante é jogar um raio de luz so-

• Outros livros de Ryuho Okawa •

bre seu modo de vida e, com seus esforços, produzir magníficos cristais durante sua preciosa passagem pela Terra.

As Leis da Justiça
Como Resolver os Conflitos Mundiais e Alcançar a Paz
IRH Press do Brasil

O autor afirma: "Com este livro, fui além do âmbito de um trabalho acadêmico. Em outras palavras, assumi o desafio de colocar as revelações de Deus como um tema de estudo acadêmico. Busquei formular uma imagem de como a justiça deveria ser neste mundo, vista da perspectiva de Deus ou de Buda. Para isso, fui além do conhecimento acadêmico de destacados estudiosos do Japão e do mundo, assim como do saber de primeiros-ministros e presidentes. Alguns de meus leitores sentirão nestas palavras a presença de Deus no nível global".

As Leis do Futuro
Os Sinais da Nova Era
IRH Press do Brasil

O futuro está em suas mãos. O destino não é algo imutável e pode ser alterado por seus pensamentos e suas escolhas. Tudo depende de seu despertar interior, pois só assim é possível criar um futuro brilhante. Podemos encontrar o Caminho da Vitória usando a força do pensamento para obter sucesso na vida material e espiritual. O desânimo e o fracasso são coisas que não existem de fato: não passam de lições para o nosso aprimoramento nesta escola chamada Terra. Ao ler este livro, a esperança renascerá em seu coração e você cruzará o portal para a nova era.

As Leis da Perseverança
Como Romper os Dogmas da Sociedade e Superar as Fases Difíceis da Vida
IRH Press do Brasil

Ao ler este livro, você compreenderá que pode mudar sua forma de pensar e vencer os obstáculos que os dogmas e o senso comum da sociedade colocam em nosso caminho, apoiando-se numa força que o ajudará a superar as provações: a perseverança. Nem sempre o caminho mais fácil é o correto e o mais sábio. O mestre Okawa compartilha seus segredos no uso da perseverança e do esforço para fortalecer sua mente, superar suas limitações e resistir ao longo do caminho que o conduzirá a uma vitória infalível.

As Leis da Missão
Desperte Agora para as Verdades Espirituais
IRH Press do Brasil

Estas são as leis do milagre para se viver a era do coração. São leis repletas de misericórdia, ainda que fundamentadas na sabedoria. Poucas pessoas têm consciência de que estão trilhando os tempos da Luz, porque o mundo de hoje está repleto de catástrofes e infelicidades. Por isso, o autor afirma: "Agora é a hora". Quando a humanidade está se debatendo no mais profundo sofrimento, é nesse momento que Deus está mais presente. Estas também são as leis da salvação, do amor, do perdão e da verdade. Aqui estão as respostas para suas dúvidas. Construa um túnel para perfurar a montanha da teoria.

As Leis da Invencibilidade
Como Desenvolver uma Mente Estratégica e Gerencial
IRH Press do Brasil

O autor desenvolveu uma filosofia sobre a felicidade que se estende ao longo desta vida e prossegue na vida após a morte. Seus fundamentos são os mesmos do budismo, que diz que o estado mental que mantivermos nesta vida irá determinar nosso destino no outro mundo. Okawa afirma: "Desejo fervorosamente que todos alcancem a verdadeira felicidade neste mundo e que ela persista na vida após a morte. Um intenso sentimento meu está contido na palavra 'invencibilidade'. Espero que este livro dê coragem e sabedoria àqueles que o leem hoje e às pessoas das gerações futuras".

As Leis da Fé
Um Mundo Além das Diferenças
IRH Press do Brasil

Em essência, sem Deus é impossível haver elevação do caráter e da moral do ser humano.
As pessoas são capazes de carregar sentimentos sublimes quando creem em algo maior do que elas mesmas, em uma entidade superior aos humanos. Estamos nos aproxi-

mando de um momento decisivo na história da humanidade, e este livro nos oferece a chave para aceitar diversidades além das diferenças de etnia, religião, raça, gênero, descendência e assim por diante, harmonizar os indivíduos e as nações e criar um mundo cheio de paz e prosperidade.

Série Entrevistas Espirituais

O Próximo Grande Despertar
Um Renascimento Espiritual
IRH Press do Brasil

Esta obra traz revelações surpreendentes, que podem desafiar suas crenças. São mensagens transmitidas pelos Espíritos Superiores ao mestre Okawa, para que você compreenda a verdade sobre o que chamamos de "realidade". Se você ainda não está convencido de que há muito mais coisas do que aquilo que podemos ver, ouvir, tocar e experimentar; se você ainda não está certo de que os Espíritos Superiores, os Anjos da Guarda e os alienígenas existem aqui na Terra, então leia este livro.

Mensagens do Céu
Revelações de Jesus, Buda, Moisés e Maomé para o Mundo Moderno
IRH Press do Brasil

Okawa compartilha as mensagens desses quatro espíritos, recebidas por comunicação espiritual, e o que eles desejam que as pessoas da presente época saibam.

• Outros livros de Ryuho Okawa •

Jesus envia mensagens de amor, fé e perdão; Buda ensina sobre o "eu" interior, perseverança, sucesso e iluminação na vida terrena; Moisés explora o sentido da retidão, do pecado e da justiça; e Maomé trata de questões sobre a tolerância, a fé e os milagres. Você compreenderá como esses líderes religiosos influenciaram a humanidade ao expor sua visão a respeito das Verdades Universais e por que cada um deles era um mensageiro de Deus empenhado em guiar as pessoas.

**A Última Mensagem de
Nelson Mandela para o Mundo**
Uma Conversa com Madiba Seis Horas Após Sua Morte
IRH Press do Brasil

Nelson Mandela, conhecido como Madiba, veio até o mestre Okawa seis horas após seu falecimento e transmitiu sua última mensagem de amor e justiça para todos, antes de retornar ao Mundo Espiritual. Porém, a revelação mais surpreendente deste livro é que Mandela é um Grande Anjo de Luz, trazido a este mundo para promover a justiça divina, e que, no passado remoto, foi um grande herói da Bíblia.

A Verdade sobre o Massacre de Nanquim
Revelações de Iris Chang
IRH Press do Brasil

Iris Chang, jornalista norte-americana de ascendência chinesa, ganhou notoriedade após lançar, em 1997, *O Estupro de Nanquim*, em que denuncia as atrocidades cometidas pelo Exército Imperial Japonês durante a Guerra Sino-Japonesa, em 1938-39. Foi a partir da publicação da obra que a expressão "Massacre de Nanquim" passou a ser conhecida e recentemente voltou à tona, espalhando-se depressa dos Estados Unidos para o mundo. Atualmente, porém, essas afirmações vêm sendo questionadas. Para esclarecer o assunto, Okawa invocou o espírito da jornalista dez anos após sua morte e revela, aqui, o estado de Chang à época de sua morte e a grande possibilidade de uma conspiração por trás de seu livro.

Mensagens de Jesus Cristo
A Ressurreição do Amor
Editora Cultrix

Assim como muitos outros Espíritos Superiores, Jesus Cristo tem transmitido diversas mensagens espirituais ao mestre Okawa, cujo objetivo é orientar a humanidade e despertá-la para uma nova era de espiritualidade.

Walt Disney
Os Segredos da Magia que Encanta as Pessoas
IRH Press do Brasil

Walt Disney foi o criador de Mickey Mouse e fundador do império conhecido como Disney World; lançou diversos desenhos animados que obtiveram reconhecimento global e, graças à sua atuação diversificada, estabeleceu uma base sólida para os vários em-

• Outros livros de Ryuho Okawa •

preendimentos de entretenimento. Nesta entrevista espiritual, ele nos revela os segredos do sucesso que o consagrou como um dos mais bem-sucedidos empresários da área de entretenimento do mundo contemporâneo.

Série Autoajuda

THINK BIG – Pense Grande
O Poder para Criar o Seu Futuro
IRH Press do Brasil

Tudo na vida das pessoas manifesta-se de acordo com o pensamento que elas mantêm diariamente em seu coração. A ação começa dentro da mente. A capacidade de criar de cada pessoa limita-se à sua capacidade de pensar. Ao conhecermos a Verdade sobre o poder do pensamento, teremos em nossas mãos o poder da prosperidade, da felicidade, da saúde e da liberdade de seguir nossos rumos, independentemente das coisas que nos prendem a este mundo material. Com este livro, você aprenderá o verdadeiro significado do Pensamento Positivo e como usá-lo de forma efetiva para concretizar seus sonhos. Leia e descubra como ser positivo, corajoso e realizar seus sonhos.

Estou Bem!
7 Passos para uma Vida Feliz
IRH Press do Brasil

Diferentemente dos textos de autoajuda escritos no Ocidente, este livro traz filosofias universais que irão atender às necessidades de qualquer pessoa. Um tesouro repleto de reflexões que transcendem as diferenças culturais, geográficas, religiosas e raciais. É uma fonte de inspiração e transformação com instruções concretas para uma vida feliz. Seguindo os passos deste livro, você poderá dizer: "Estou bem!" com convicção e um sorriso amplo, onde quer que esteja e diante de qualquer circunstância que a vida lhe apresente.

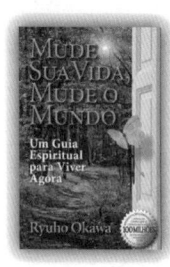

Mude Sua Vida, Mude o Mundo
Um Guia Espiritual para Viver Agora
IRH Press do Brasil

Este livro é uma mensagem de esperança, que contém a solução para o estado de crise em que nos encontramos hoje, quando a guerra, o terrorismo e os desastres econômicos provocam dor e sofrimento por todos os continentes. É um chamado para nos fazer despertar para a Verdade de nossa ascendência, para que todos nós, como irmãos, possamos reconstruir o planeta e transformá-lo numa terra de paz, prosperidade e felicidade.

Pensamento Vencedor
Estratégia para Transformar o Fracasso em Sucesso
Editora Cultrix

A vida pode ser comparada à construção de um túnel, pois muitas vezes temos a impressão de ter pela frente como obstáculo uma rocha sólida. O pensamento vencedor opera como uma poderosa broca, capaz de perfurar essa rocha. Quando praticamos esse tipo de

• Outros livros de Ryuho Okawa •

pensamento, nunca nos sentimos derrotados em nossa vida. Esse pensamento baseia-se nos ensinamentos de reflexão e desenvolvimento necessários para superar as dificuldades da vida e obter prosperidade. Ao estudar a filosofia contida neste livro e colocá-la em prática, você será capaz de declarar que não existe essa coisa chamada derrota – só existe o sucesso.

A Mente Inabalável
Como Superar as Dificuldades da Vida
IRH Press do Brasil

Muitas vezes somos incapazes de lidar com os obstáculos da vida, sejam eles problemas pessoais ou profissionais, tragédias inesperadas ou dificuldades que nos acompanham há tempos. Para o autor, a melhor solução para tais situações é ter uma mente inabalável. Neste livro, ele descreve maneiras de adquirir confiança em si mesmo e alcançar o crescimento espiritual, adotando como base uma perspectiva espiritual.

Trabalho e Amor
Como Construir uma Carreira Brilhante
IRH Press do Brasil

O sucesso no trabalho pode trazer muita alegria. Mas só encontramos verdadeiro prazer ao cumprir nossa vocação com paixão e propósito – então, nosso sucesso é abençoado de verdade. Quando cumprimos nossa vocação, conseguimos superar todos os obstáculos, pois sabemos que nosso trabalho confere valor à vida dos outros e traz sentido e satisfação para a nossa vida. Aqui, Okawa introduz dez princípios para você desenvolver sua vocação e conferir valor, propósito e uma devoção de coração ao trabalho com o qual sempre sonhou. Você irá descobrir princípios que propiciam: trabalho de alto nível; avanço na carreira; atitude mental voltada para o desenvolvimento e a liderança; poder do descanso e do relaxamento; liberação do verdadeiro potencial; saúde e vitalidade duradouras.

O milagre da meditação
Conquiste Paz, Alegria e Poder Interior
IRH Press do Brasil

A meditação pode abrir sua mente para o potencial de transformação que existe dentro de você e conecta sua alma à sabedoria celestial – tudo pela força da fé. Este livro combina o poder da fé e a prática da meditação para ajudá-lo a conquistar paz interior, descobrir sua natureza divina, encontrar seu "eu" ideal e cultivar uma vida com propósitos firmes de altruísmo e compaixão.

Gestão Empresarial
Os Conceitos Fundamentais para a Prosperidade nos Negócios
IRH Press do Brasil

Uma obra muito útil tanto para os gestores empresariais como para aqueles que pretendem ingressar no mundo dos negócios. Os princípios aqui ensinados podem transformar um pequeno empreendimento em uma

• Outros livros de Ryuho Okawa •

grande empresa, do porte daquelas cujas ações são negociadas na Bolsa de Valores. Há orientações claras e precisas para:
- montar uma organização voltada para o crescimento;
- expandir ao máximo o potencial do executivo;
- oferecer um serviço ou produto que encante o cliente;
- avaliar as pessoas e aproveitar a força delas;
- identificar o grau de importância das diferentes tarefas;
- lidar com os relacionamentos interpessoais para se tornar um grande líder;
- usar a "visão sistêmica";
- reconhecer os "gargalos" da empresa e como eliminá-los;
- ter as oito atitudes fundamentais necessárias a um gestor.

Mente Próspera
Desenvolva uma mentalidade para atrair riquezas infinitas
IRH Press do Brasil

Há uma tendência geral no mundo de não ver com bons olhos qualquer pessoa que alcança o sucesso e constrói sua riqueza. Isso se deve, em parte, aos ensinamentos pregados pelas antigas religiões e às ideologias de esquerda. No entanto, o autor afirma: "O dinheiro que proporciona felicidade às pessoas é um bem". Não há nenhum problema em querer ganhar dinheiro se você está procurando trazer algum benefício à sociedade. Para tanto, Okawa apresenta orientações valiosas: a atitude mental de "não rejeitar a riqueza", a filosofia do "dinheiro é tempo", como manter os espíritos da pobreza afastados, as regras para atrair a riqueza, aproximar-se do Deus da Riqueza, entre outros.

SÉRIE FELICIDADE

O Caminho da Felicidade
Torne-se um Anjo na Terra
IRH Press do Brasil

Aqui se encontra a íntegra dos ensinamentos das Verdades espirituais transmitidas por Ryuho Okawa e que serve de introdução aos que buscam o aperfeiçoamento espiritual. Okawa apresenta "Verdades Universais" que podem transformar sua vida e conduzi-lo para o caminho da felicidade. A sabedoria contida neste livro é intensa e profunda, porém simples, e pode ajudar a humanidade a alcançar uma era de paz e harmonia na Terra.

Manifesto do Partido da Realização da Felicidade
Um Projeto para o Futuro de uma Nação
IRH Press do Brasil

Nesta obra, o autor declara: "Devemos mobilizar o potencial das pessoas que reconhecem a existência de Deus e de Buda, além de acreditar na Verdade, e trabalhar para construir uma utopia mundial. Devemos fazer do Japão o ponto de partida de nossas atividades políticas e causar impacto no mundo todo". Iremos nos afastar das forças políticas que trazem infelicidade à humanidade, criar um terreno sólido para a verdade e, com base nela, administrar o Estado e conduzir a política do país.

• Outros livros de Ryuho Okawa •

Ame, Nutra e Perdoe
Um Guia Capaz de Iluminar Sua Vida
IRH Press do Brasil

O autor traz uma filosofia de vida na qual revela os segredos para o crescimento espiritual através dos Estágios do amor. Cada estágio representa um nível de elevação no desenvolvimento espiritual. O objetivo do aprimoramento da alma humana na Terra é progredir por esses estágios e desenvolver uma nova visão do maior poder espiritual concedido aos seres humanos: o amor.

Convite à Felicidade
7 Inspirações do Seu Anjo Interior
IRH Press do Brasil

Este livro convida você a ter uma vida mais autêntica e satisfatória. Seus métodos práticos o ajudarão a criar novos hábitos e levar uma vida mais despreocupada, completa e espiritualizada. Por meio de sete inspirações, você será guiado até o anjo que existe em seu interior – a força que o ajuda a obter coragem e inspiração e ser verdadeiro consigo mesmo. Você vai conhecer a base necessária para viver com mais confiança, tranquilidade e sabedoria: *exercícios* de meditação, reflexão e concentração respiratória fáceis de usar; *visualizações* orientadas para criar uma vida melhor e obter paz em seu coração; *espaços* para você anotar as inspirações recebidas do seu anjo interior; *dicas* para compreender como fazer a contemplação; *planos* de ação simples, explicados passo a passo.

Curando a Si Mesmo
A Verdadeira Relação entre Corpo e Espírito
Editora Cultrix

O autor revela as verdadeiras causas das doenças e os remédios para várias delas, que a medicina moderna ainda não consegue curar, oferecendo não apenas conselhos espirituais, mas também de natureza prática. Seguindo os passos aqui sugeridos, sua vida mudará completamente e você descobrirá a verdade sobre a mente e o corpo. Este livro contém revelações sobre o funcionamento da possessão espiritual e como podemos nos livrar dela; mostra os segredos do funcionamento da alma e como o corpo humano está ligado ao plano espiritual.

A Verdade sobre o Mundo Espiritual
Guia para uma vida feliz
IRH Press do Brasil

Este livro abrange todo tipo de conhecimento espiritual e pode ser considerado um manual valiosíssimo para encorajar você a dar um passo adiante e explorar esse verdadeiro país das maravilhas que é o mundo espiritual. Espero de coração que as informações contidas neste livro se tornem senso comum no século XXI.
Escrito no formato de perguntas e respostas, este livro vai ajudá-lo a compreender questões importantes como:
- O que acontece com as pessoas depois que morrem?
- Qual é a verdadeira forma do Céu e do Inferno?
- Se Deus existe, por que Ele não destrói o Inferno?

• Outros livros de Ryuho Okawa •

- O que é preciso fazer para voltar para o Céu depois da morte?
- O tempo de vida de uma pessoa está predeterminado?

A Essência de Buda
O Caminho da Iluminação e da Espiritualidade Superior
IRH Press do Brasil

Este guia mostra como viver com um verdadeiro propósito. Traz uma visão contemporânea do caminho que vai muito além do budismo, para orientar os que estão em busca da iluminação e da espiritualidade. Você descobrirá que os fundamentos espiritualistas, tão difundidos hoje, na verdade foram ensinados por Buda Shakyamuni e fazem parte do budismo, como os Oito Corretos Caminhos, as Seis Perfeições e a Lei de Causa e Efeito e o Carma, entre outros.

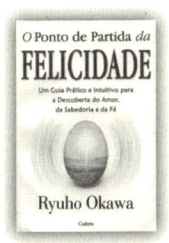

O Ponto de Partida da Felicidade
Um Guia Prático e Intuitivo para Descobrir o Amor, a Sabedoria e a Fé
Editora Cultrix

Neste livro, Okawa ilustra como podemos obter a felicidade e levar a vida com um propósito. Como seres humanos, viemos a este mundo sem nada e sem nada o deixaremos. Podemos nos dedicar à aquisição de propriedades e bens materiais ou buscar o verdadeiro caminho da felicidade – construído com o amor que dá, que acolhe a luz. Okawa nos mostra como alcançar a felicidade e ter uma vida plena de sentido.

As Chaves da Felicidade
Os 10 Princípios para Manifestar a Sua Natureza Divina
Editora Cultrix

Neste livro, o mestre Okawa mostra de forma simples e prática como podemos desenvolver nossa vida de forma brilhante e feliz neste mundo e no outro. O autor ensina os dez princípios básicos – Felicidade, Amor, Coração, Iluminação, Desenvolvimento, Conhecimento, Utopia, Salvação, Reflexão e Oração – que servem de bússola para nosso crescimento espiritual e nossa felicidade.